Dietrich Bonhoeffer

MÁRTIR DO NAZISMO

Giorgio Cavalleri

Dietrich Bonhoeffer

MÁRTIR DO NAZISMO

Dados Internacionais de Catalogação na Publicação (CIP)
(Câmara Brasileira do Livro, SP, Brasil)

Cavalleri, Giorgio
Dietrich Bonhoeffer : mártir do nazismo / Giorgio Cavalleri ; tradução Hugo C. da S. Cavalcante. -- São Paulo : Paulinas, 2019. -- (Sal & luz)

Título original: Dietrich Bonhoeffer : teologo e martire del nazismo.
Bibliografia.
ISBN 978-85-356-4491-3

1. Alemanha - História - 1933-1945 2. Bonhoeffer, Dietrich, 1906-1945 3. Hitler, Adolf, 1889-1945 4. Mártires cristãos - Alemanha - Biografia 5. Nazismo 6. Teólogos - Alemanha - Biografia I. Título. II. Série.

19-23229 CDD-284.1092

Índice para catálogo sistemático:

1. Pastores luteranos : Biografia 284.1092

Maria Alice Ferreira - Bibliotecária - CRB-8/7964

Título original: Dietrich Bonhoeffer: teologo e martire del nazismo.

1ª edição – 2019

Direção-geral: Flávia Reginatto
Editora responsável: Vera Ivanise Bombonatto
Tradução: D. Hugo C. da S. Cavalcante, osb
Copidesque: Ana Cecilia Mari
Coordenação de revisão: Marina Mendonça
Revisão: Sandra Sinzato
Gerente de produção: Felício Calegaro Neto
Projeto gráfico: Jéssica Diniz Souza

Paulinas

Rua Dona Inácia Uchoa, 62
04110-020 – São Paulo – SP (Brasil)
Tel.: (11) 2125-3500
http://www.paulinas.com.br – editora@paulinas.com.br
Telemarketing e SAC: 0800-7010081

Passaram-se mais de setenta anos do sacrifício de Dietrich Bonhoeffer. Em um mundo agora globalizado e privado de memória, no qual o Cristianismo parece crescer, somente no hemisfério sul, em um Ocidente sempre mais secularizado e isolado, o seu testemunho humano e a sua rigorosa reflexão teológica podem hoje parecer muito distantes, se não obsoletos. Mas, para quem quer crer, também à luz da fé cristã, em uma sociedade melhor e mais justa, Bonhoeffer permanecerá por muito tempo um exemplo e uma testemunha extraordinária.

Giorgio Cavalleri

Estou sinceramente agradecido à Paulinas por ter me convidado a conhecer melhor a iluminada figura de Dietrich Bonhoeffer, ao Padre Bruno Maggioni, pelo prefácio, à Chiara Benedetti, Giovanni Bianchi, Paolo Conti e Roberto Mancini, pela gentileza demonstrada, à casa editora Queriniana por ter permitido a reprodução dos textos, retirado da sua publicação *Cartas à noiva. Cela 92 (1943-1945)*, a Renzo Salvi pela sua frequente ajuda na sistematização do volume e na preparação das imagens, a minha esposa Elisabete, pelos insubstituíveis e preciosos conselhos.

Dietrich Bonhoeffer

(1906 – 1945)

Sumário

Prefácio

Dietrich Bonhoeffer, pastor evangélico e mártir do nazismo, nas suas cartas escritas da prisão revela como deve ser entendida a Igreja e o verdadeiro cristão.

A reflexão é atualíssima. O mundo moderno pensa que está maduro, não sente a necessidade de Deus ou pelo menos pensa que Deus esteja na grandeza, na potência, nos gestos que são julgados eficazes, dignos de Deus. A reflexão na prisão – que, ao invés, pode forçar à solidão, ao silêncio e também ao medo – convence Bonhoeffer de que o modo correto e verdadeiro de viver é o *ser para os outros*.

É assim que deve ser entendida a Igreja de hoje. Esta é a verdadeira atitude para viver.

O cristão no mundo deve ser assim: aberto, maduro, corajoso, sensível às necessidades de todos. O cristão deve estar no mundo, mas não ser do mundo. Não deve buscar o poder, mas o serviço. É assim que a Igreja está verdadeiramente no mundo, a serviço e jamais dominante.

Deus se revelou plenamente na cruz.

E Jesus, o revelador de Deus, desvela o seu rosto servindo. Isto deve fazer também o cristão.

Este é o ponto de referência de Bonhoeffer: o Deus crucificado.

Esta é a reflexão principal de Bonhoeffer: Deus é um dom que se faz dom para os outros.

É o amor. A realidade de Deus interpela o homem e o mundo de todos os tempos.

É na realidade que o cristão deve viver, se está a serviço do mundo.

O cristão deve ser no mundo modelo de Cristo. Somente desse modo se abre a possibilidade de confiar-se completamente a Deus, no seguimento de Jesus, que, com o seu sofrimento, revela fidelidade total à escolha de doar-se a nós, a paixão com a qual olha o homem na sua inteireza.

E tudo isso Bonhoeffer confessa tê-lo compreendido a partir da sua escolha de opor-se ao sistema nacional-socialista que o levou à prisão e à resistência: "Sou grato por ter tido a possibilidade de entender isso, e sei que pude entender somente percorrendo o caminho em que na época eu embarquei. Por isso penso com gratidão e em paz nas coisas passadas e presentes".

O ser *para os outros* está indicando o ser mais profundo de Jesus Cristo. O dom de si ao outro. Aquele dom que na paixão encontra o seu vértice: "O homem para os outros! E por isso crucificado".

Na relação com Jesus crucificado se constitui a renovada identidade do ser homem e cristão: "A nossa relação com Deus não é uma relação religiosa com um ser, o mais alto, o mais potente, o melhor que se possa pensar – esta não é autêntica transcendência –, mas é uma nova vida, aquela de *ser para os outros*, como fez Jesus.

Bonhoeffer faz a sua escolha decidindo seguir Jesus no seu abandono confiante ao Pai e na participação em seus sofrimentos, em comum com aqueles do seu povo.

O significado desta escolha é expresso através da imagem das *mãos de Deus*, nas quais coloca a própria vida, e que significam não *uma entrega e um abandono* quaisquer, mas que é como a entrega e o abandono do servo sofredor de Isaías que, por amor e em liberdade, oferece a sua vida pelos outros, levando sobre si os seus pecados e os seus sofrimentos.

Na prisão Bonhoeffer compreende que, em um mundo sem Deus, *o sofrimento é o lugar da presença de Deus,* e que a única forma de dar testemunho é aquela que Deus mesmo escolheu assumir: a fragilidade de quem se entrega por amor.

Na sua meditação solitária e sofrida, Bonhoeffer entendeu que o cristão e a Igreja devem abandonar-se a Deus e deixar-se envolver totalmente por *Jesus servo*, que doa a sua vida, livremente e por amor, até a forma extrema e mais radical.

Colocar-se totalmente do lado do outro, passar da preocupação para consigo mesmo à dedicação pelos outros é o caminho de conversão que faz adquirir a nova identidade do homem completo que encontra a autêntica liberdade no ser para e com o outro.

Diz-se de Bonhoeffer que, depois da leitura da condenação por parte do tribunal, antes de vestir as roupas de prisioneiro, estava ajoelhado na íntima presença com o seu Deus.

O médico que o assistiu até o fim disse que em toda a sua vida não viu jamais um homem tão abandonado a Deus. O abandono e a certeza de que a oração seria escutada, neste homem extraordinariamente simpático, marcaram-no profundamente.

Junto ao lugar da execução, viu o pastor luterano elevar uma breve oração e, depois, subir com coragem e dignamente a escada para o patíbulo.

Permanece uma experiência de valor excepcional ter aprendido com Dietrich Bonhoeffer a olhar os grandes eventos da história universal a partir de baixo, da prospectiva dos excluídos, dos maltratados, dos impotentes, dos oprimidos e dos escarnecidos, em uma só palavra: *dos sofredores*.

Bruno Maggioni

1

Nas mãos de Deus, no sinal da tragédia...

"Deus, recolhe os meus pensamentos
para contigo. Junto de ti a luz,
tu não me esqueces. Junto de ti a ajuda,
junto de ti a paciência.
Não entendo os teus caminhos,
mas tu conheces o caminho para mim".[1]

Estas palavras, escritas em um cinzento dia de outono na prisão berlinense da Gestapo, situada na Prinz-Albrecht-Strasse de Berlim, sintetizam bem os sentimentos que animaram e sustentaram os momentos mais escuros da vida daquele extenuante e corajoso – por certos aspectos totalmente anômalo – opositor do nazismo, que foi o teólogo luterano Dietrich Bonhoeffer.

---

[1] BETHGE, E. *Dietrich Bonhoeffer, teologo Cristiano contemporaneo. Una biografia.* Queriniana, Brescia, 1975 (3. ed., 2004).

Nasceu em 4 de fevereiro de 1906, em Breslávia (Vratislávia), uma cidade da baixa Silésia às margens do rio Oder (desde o fim da Segunda Guerra Mundial pertencente à Polônia, com o nome de Wroclaw). A sua é uma das maiores famílias aristocráticas, não somente da capital alemã, mas de toda a Alemanha luterana.

Os von Hase, aos quais pertence a mãe, têm estreita ligação com a corte dos Hohenzollern: a casa de Berlim, próxima ao Tiergarten, tem os muros em comum com o parque de Bellevue, onde brincam os filhos do imperador.

A dos Bonhoeffer é uma família numerosa – Dietrich tem sete irmãos, entre os quais a irmã gêmea Sabine –, que cultiva precisamente relações nos mais altos níveis da administração do Estado, em 1912, da Silésia, volta a habitar estavelmente na capital.

Enquanto a mãe Paula von Hase é uma das primeiras mulheres formadas do seu tempo, o pai Karl é um eminente professor da Faculdade de Neurologia e Psiquiatria da Universidade de Berlim.

Não existe ramo da cultura alemã ao qual os Bonhoeffer e os von Hase não estejam ligados: música, filosofia, teologia, química, física, psicologia, psiquiatria, pintura, escultura...

O pai Karl não se declara cristão, mas toda a família está embebida do profundo sentimento religioso da mãe, cujo avô, Karl August von Hase, foi um famoso teólogo, professor em Jena, pregador da corte e historiador da Igreja.

Quando os pais e os filhos se reúnem nas casas de Breslávia e Berlim e em suas estadias nos Alpes, dão-se conta do dom que é pertencer a uma grande família que vive na atmosfera e no abraço do Senhor.

Se a família de Bonhoeffer é uma família de prestígio, deve ser enfatizado o fato de ser marcada, muitas vezes, pela tragédia. Um irmão mais velho, Walter, com apenas dezenove anos, morreu nos últimos meses da Grande Guerra. Um outro, Klaus, com quarenta e quatro anos, foi assassinado pela Gestapo, por seu empenho na Resistência; os cunhados Hans von Dohnányi (marido da irmã Christine, além de irmão de Grete, casada com o primo-irmão de Dietrich, Karl Friedrich) e Rüdiger Schleicher (marido da irmã Úrsula) foram eliminados por terem tomado parte no complô contra o chefe do Estado nazista.

Em 1942, a noiva Maria von Wedemeyer perde, no espaço de poucos meses, o pai e o irmão na frente russa e, um pouco mais tarde, também dois primos dos quais gosta muito. A própria vida de Dietrich, aparentemente, é marcada, não só pela tragédia, como também pelo insucesso. De tudo aquilo que por ele foi empreendido no curso da existência, nada, ou quase, parece resistir à prova dos fatos. Não consegue fazer com que a Igreja protestante, no meio da tempestade do nazismo, permaneça fiel a Cristo; não é capaz de parar a absurda corrida para o conflito mundial, nem de organizar uma resistência realmente enraizada contra a ditadura e, com todos os outros seus amigos, sofre as consequências da tardia e fracassada tentativa de eliminação do Führer.

Dietrich, com oito anos, começa a receber aulas de piano e lê, com grande habilidade, as partituras. Com dez anos, consegue executar as sonatas de Mozart e, com quatorze anos, compõe uma cantata sobre o sexto versículo do Salmo 42. É capaz de improvisar no piano “O Cavaleiro da Rosa”, de Richard Strauss, e, por muito tempo, pensa em dedicar-se à carreira musical. Com o tempo, a música representará um componente essencial da sua vida, ligada ao âmbito familiar. Vive a adolescência e primeiríssima juventude nesse ambiente, assaz culto e totalmente especial: nada deixa prever as suas tomadas de posição e os empenhos que caracterizarão, mais tarde, a sua vida.

Tem apenas doze anos quando um grave luto afeta sua família, porque seu irmão Walter morre na frente francesa. Os pais, por muito tempo, carregam o luto e essa tragédia alimenta neles, por toda a existência, uma acalorada hostilidade para com a guerra. Nunca ficou claro quanto tal acontecimento tenha influenciado nas decisões de Dietrich; mas a sensação de ser chamado e iluminado por Deus virá à tona já com a idade de quatorze anos e o levará a declarar, com convicção, que se tornaria teólogo.

No final dos anos do liceu, frequentado no bairro residencial de Grünewald, Dietrich escolhe, então, fazer os estudos teológicos, primeiro por um ano em Tübingen e, depois, por sete semestres na capital, terminando-os em 1927 e obtendo o doutorado em 17 de dezembro do mesmo ano. No ano de Tübingen e naqueles posteriores, Bonhoeffer vive o tempo intensamente, entre conferências e concertos, exposições de arte e viagens. Dirige-se a Schleswig-Holstein – a região setentrional alemã na fronteira com a Dinamarca, na qual nasceu o escritor Thomas Mann –, à Líbia, ao Norte da África, à Itália, onde visita Veneza e as Dolomitas.

Na medida em que nos estudos está imerso no mistério de Cristo, ele percebe como a autêntica alegria é sempre algo de incompreensível, seja para os outros, seja para quem a experimenta.

No mundo do protestantismo alemão, são aqueles anos nos quais a teologia está submetida a uma reflexão radical: o suíço Karl Barth, considerando o fato de que durante a Grande Guerra cada nação tinha reivindicado Deus para si mesma, declara a total inadequação do liberalismo teológico, que deixaria ao texto bíblico somente o significado de documento histórico, arriscando esvaziar a ideia de revelação e a de Palavra de Deus. Ao contrário, Barth quer voltar a uma teologia baseada em Deus e na revelação bíblica, com o objetivo de uma verdadeira e própria refundação, pondo-se criticamente contra o mundo e, sobretudo, também contra o mundo religioso.

A corrente liberal – representada especialmente por Adolf von Harnack – busca demonstrar o caráter histórico dos dogmas e dos próprios fundamentos da religião cristã, em favor de uma leitura científica dos textos bíblicos. Dietrich frequenta em Berlim os cursos de Harnack por alguns semestres, mas, partilhando e apreciando a lógica de Barth, percorrerá um caminho pessoal.

Durante uma viagem a Roma, realizada nos inícios dos estudos universitários, sentindo-se atraído por tudo aquilo que se refere à Igreja, escolhe dedicar as suas pesquisas à eclesiologia e ao ecumenismo. Tais estudos se compendiarão na sua tese de doutorado, intitulada *Sanctorum Communio*, de 1927, e publicada três anos mais tarde. Torna-se evidente que Deus pode ser compreendido somente à luz da Igreja em Cristo Jesus. A Igreja é a presença terrena e corpórea de Jesus morto, ressuscitado e glorificado: com ele se estabelece a comunhão com Deus e se recompõe aquela entre os seres humanos.

Um trabalho inovador que pode quase parecer uma crítica contra o protestantismo, porque se fundamenta sobre a remissão dos pecados dos membros da Igreja, baseada sobre aquele *corpo de Cristo*, ao qual o apóstolo Paulo recorre, ao falar da própria Igreja. Uma identificação entre Cristo e a Igreja, próxima da concepção católica.

Entre 1928 e 1929, Bonhoeffer torna-se vigário na paróquia alemã de Barcelona, na Espanha, e faz muitas conferências sobre questões éticas. Em uma delas, revela como ainda é sensível às lógicas nacionalistas que animavam então a Europa.

Em 25 de janeiro de 1929 mostra, de fato, propensão para aquela que é definida como *guerra justa*,[2] e tal atitude não pode deixar de surpreender-nos em relação à ideia de que, no decurso das décadas, se fez dele.

> O amor pelo meu povo justificará a guerra; enquanto cristão sofrerei por todo o horror que uma guerra é, carregarei a minha alma da responsabilidade com todo o seu peso e toda a sua seriedade, buscarei amar o inimigo – contra o qual me empenhei pela vida ou pela morte – como somente um cristão pode amar o irmão e, todavia, deverei fazer contra eles aquilo que me comandam o amor e a gratidão para com o meu povo, aquele no qual Deus me fez nascer.[3]

À distância de uma década da sua promulgação, as duras cláusulas do Tratado de Versalhes são aplicadas rigidamente contra a Alemanha, com grande sofrimento do povo, e se compreende como o jovem Dietrich não seja insensível ao nacionalismo imperante. Cedo mudará de ideia. Em 23 de setembro de 1920, vai para os Estados Unidos como hóspede bolsista no prestigiado ateneu da Union Theological

---

[2] A doutrina da guerra justa é um argumento de reflexão da teologia moral cristã.

[3] BONHOEFFER, D. *Scritti scelti (1918-1933)*. Organizado por A. Cenci. Queriniana, Brescia, 2008, p. 265.

Seminary de Nova York. Fica muito impressionado pelas funções da Igreja Batista, por ele frequentada, no bairro popular de Harlem.

Foi introduzido nesse ambiente por Frank Fisher, um estudante negro da Union, com o qual estreita amizade. Escutando com comoção os pungentes cantos *gospel* e admirando a grande participação popular nas funções, não pôde deixar de fazer uma comparação com as igrejas luteranas alemãs, de onde os operários e, no entanto, todos os expoentes do proletariado já se tinham afastado. Adquire as gravações musicais dos *spiritual*, pelos quais permanece muito fascinado, e lhes fará, pois, conhecidos dos amigos europeus.

Em Nova York tem um encontro com um outro bolsista, o pastor luterano francês Jean Lasserre, que marca um momento importante da sua existência, porque neles nasce uma amizade, embora em uma relação dialética, destinada a durar até o fim dos seus dias.

Lasserre é pessoa de notável nível, no qual os estudos teológicos foram fortemente influenciados pelo professor Wilfred Monod, figura eminente do cristianismo social francês. O encontro deles determina, no plano teológico, a conversão de Bonhoeffer ao pacifismo. Ainda que com modéstia, Jean Lasserre fará, ao contrário, voltar essa atitude de Dietrich à comum visão, em um cinema da metrópole americana, do filme *Nada de novo no front ocidental*, inspirado no romance de Eric Maria Remarque.

Lasserre, nascido em 1908 em Genebra, de pai descendente de uma família francesa huguenote, depois do divórcio dos pais, permaneceu com a mãe em Lion, a partir de 1909. Depois da experiência de bolsista em Nova York, obtida a cidadania francesa, em 1932 se torna pastor na paróquia reformada de Bruay-en-Artois, onde permanece até 1938. Torna-se depois pastor em Maubeuge até 1949 e em Épernay até 1953. Mais tarde, será pastor na Fraternidade de Saint-Étienne e, de 1969 a 1973, em Calais. A publicação, em 1953, do volume *La guerre et l'Evangile* [A guerra e o Evangelho] lhe dará notoriedade internacional.

No término de sua estadia estadunidense, juntamente com dois outros amigos, Lasserre e Bonhoeffer vão ao México, onde passam três dias em Victoria, capital do estado federal de Durango, no Nordeste do país, junto a um quacre,[4] objetor de consciência, que Lasserre tinha hospedado em Paris durante os estudos. Esse homem organiza, na ocasião, uma conferência pública, diante de centenas de estudantes, sobre o tema da paz, que Dietrich vive com grande interesse e sincera participação pessoal.

No verão de 1931, o jovem Bonhoeffer retorna para a Alemanha e se dirige imediatamente à cidade de Bonn para

---

[4] Também chamado *quaker* (em inglês): que ou quem é membro de um movimento religioso protestante espalhado sobretudo nos Estados Unidos e na Grã-Bretanha, que não reconhece nem sacerdócio nem sacramentos e se opõe a toda guerra. (N.T.)

conhecer Karl Barth, por ele considerado um mestre e pelo qual prova grande admiração. Em uma carta dirigida ao amigo suíço Erwin Sutz, que conheceu nos Estados Unidos e com o qual tinha efetuado uma breve viagem à Cuba, afirma: "Aqui está uma pessoa da qual se pode verdadeiramente aprender algo, ao contrário da deprimente Berlim onde se vive desencorajado, não existindo ali ninguém do qual aprender teologia". Alguns meses depois, em novembro de 1931, Bonhoeffer foi ordenado pastor junto à igreja de São Mateus, em Berlim. Foi quase imediatamente nomeado livre-docente na Faculdade de Teologia da Humboldt Universität, a mesma universidade do pai, onde ensina até 1933. Imediatamente, introduz uma carga inovadora que lhe permite envolver os estudantes em iniciativas não somente acadêmicas, mas também ligadas à complexa, caótica e dramática situação política existente na Alemanha: se nos primeiros cursos se encontra diante de uns quinze jovens, quando se espalha a voz sobre sua eloquência, o público alcança brevemente as centenas de pessoas. Depois lhe são confiadas as cátedras dos jovens catecúmenos nos bairros populares de Prenzlauer Berg e Wedding, em torno da igreja de Sion. Para estar mais próximo dos seus paroquianos, deixa a casa onde vive com os pais e se transfere para uma área popular. Em um contexto de grave crise econômica e de contínuos conflitos violentos nas ruas do bairro, entre nazistas e comunistas, Dietrich exerce uma grande ascendência sobre os jovens.

O seu carisma e o estilo pedagógico especial obtêm-lhe um grande sucesso, especialmente quando leva os seus catecúmenos a refletir em Biesenthal, em um pequeno edifício adquirido às margens de um lago, há algumas dezenas de quilômetros ao Norte de Berlim. Para os jovens, é uma ocasião inesperada para escapar do ambiente cotidiano e fazer a experiência de viver em grupo. Além disso, apreciam muito a autoridade daquele jovem pastor tolerante, mas também determinado, dotado ao mesmo tempo de humana compreensão e forte energia.

Bonhoeffer foi nomeado assistente dos estudantes, mesmo que suas posições pacifistas, com as quais sublinha que aos cristãos seja vedado participar do serviço militar e de qualquer preparativo bélico, despertem, às vezes, em muitos, incompreensão e confusão. Assim como nem todos apreciam, no momento, o fato de que seu trabalho pela paz se explique no âmbito de um trabalho ecumênico nas Igrejas reformadas. A colaboração ecumênica, na qual no momento está ausente a componente católica, é na verdade um tema difícil e controvertido na Alemanha dominada pela gravíssima crise econômica. Crise pela qual é responsável, ao menos em parte, o rígido Tratado de Versalhes, desejado e imposto pelas potências da Entente,[5] com a finalidade de dar uma

---

[5] A Entente foi uma aliança militar entre o Reino Unido, a França e o Império Russo. Na prática, consolidou os acordos bilaterais anteriores: a Aliança Franco-Russa (1891), a Entente Cordiale, entre a França e o Reino Unido

nova ordem e uma nova sistematização à velha Europa oprimida e sacudida pela guerra, com os relativos pesados ônus impostos às nações derrotadas.

Muitos círculos nacionalistas estão convictos de que as Igrejas dos países vencedores da Grande Guerra sejam corresponsáveis pela difícil situação alemã, e os teólogos Emanuel Hirsch e Paul Althaus se expressaram nesse sentido. Sobre os homens de Igreja empenhados no diálogo ecumênico, vem, então, muitas vezes vertida a suspeição de falta de solidariedade com os sofrimentos do próprio povo.

Em setembro de 1931, em Cambridge, na Inglaterra, Dietrich tinha sido eleito secretário internacional da Juventude para a Aliança Universal (*Weltbund für die Freundshaftsarbeit der Kirchen*), um movimento ecumênico destinado a promover a amizade entre jovens de diversas nacionalidades através das Igrejas; busca, então, desenvolver a sua ação no estrangeiro, também para sair do limitado e fechado microcosmo da capital. A partir da primavera de 1932, Bonhoeffer dá início a viagens por muitos países europeus, com a finalidade de organizar encontros entre os jovens cristãos, para ter certeza de que eles podem se conhecer e, juntos, podem empenhar-se para trabalhar pela paz mundial.

(1904), e a Entente Anglo-Russa (1907), formando a Tríplice Entente, que, durante a Primeira Guerra, estavam aliadas contra as Potências ou Impérios Centrais. (N.T.)

No curso de verão daquele ano, organiza dois grandes encontros.

No primeiro, em Černohorské Kúpele, na Tchecoslováquia, em 26 de julho afirma: "Porque a guerra tem necessidade de ser idealizada e idolatrada para poder viver, não pode ser proscrita pela Igreja...".[6] Por ocasião da segunda conferência realizada na Suíça, às margens do lago Lemano, em Gland, no dia 29 de agosto Bonhoeffer sublinha: "A guerra na forma atual anula a criação de Deus e obscurece a visão da revelação (...) A Igreja se recusa a obedecer se deve sancionar a guerra. A Igreja de Cristo é contra a guerra, é pela paz entre os homens, entre os povos, as classes, as raças".[7]

Para Dietrich, a paz entendida como mandamento concreto constitui agora prioridade absoluta. Um imperativo, o da paz, que pode nascer somente da Palavra de Deus e constitui, portanto, o fundamento da sua pregação.

Em 30 de janeiro de 1933, Adolf Hitler se torna chanceler do Reich também pelas responsabilidades e pela silenciosa cumplicidade de ambientes moderados convictos, totalmente errados, de que um semelhante *parvenu* não poderia resistir por muito tempo naquela função. Quarenta e oito horas depois da sua eleição, em uma transmissão radiofônica através dos microfones da Berliner Funkstunde, no entanto, imediatamente interrompida, Bonhoeffer o define

---

6 BONHOEFFER, D. *Scritti scelti (1918-1933)*, p. 562.

7 Ibid, p. 477.

não tanto como um Führer, quanto como um *Verfüher*, ou seja, um sedutor e um corruptor. Isso porque, se um chefe permite ao seguidor que este faça dele o seu ídolo, a figura do chefe se transforma naquela de um corruptor; e recorda, além disso, como "aqueles que divinizam a si mesmos zombam de Deus", iniciando assim a sua longa e combatida oposição ao regime.

Algumas semanas mais tarde, consegue publicar o artigo "A Igreja diante da questão hebraica", no qual estigmatiza a política racial dos nazistas, convidando os fiéis a interrogar-se.

Os primeiros meses do novo governo são caracterizados por um contínuo suceder-se de leis liberticidas e prisões de opositores. Além disso, intensifica-se o ritmo elevado da perseguição anti-hebraica (aquela contra os *rom* e os *sinti*[8] já se tinha iniciado há tempos) e, em 1º de abril, foi organizada uma jornada nacional de boicote dos hebreus e das suas empresas comerciais. Na ocasião, Julie Bonhoeffer, a avó do teólogo, com mais de noventa anos, tem a coragem de atravessar as milícias nazistas que bloqueiam um negócio de propriedade hebraica, para entrar e fazer ali uma compra demonstrativa. Além disso, a ação do Führer e dos seus encontra muitas vezes o entusiasta consenso de grande parte da população e das Igrejas.

---

[8] São termos que indicam dois dos três principais grupos do povo genericamente chamado de cigano, e o outro grupo é denominado calon. (N.T.)

O protestantismo alemão está vivendo uma das suas estações mais trágicas e dilacerantes: alguns dos seus expoentes (os cristãos alemães, *Deutsche Christen*) querem confiar ao regime uma supervisão sobre sua organização e atividade. Outros, ao invés, se reconhecem na chamada Igreja Confessional, proclamam o primado de Cristo e rejeitam toda tentativa de submissão e controle por parte do Estado.

O temor de um possível advento dos comunistas, a vitória eleitoral de Hitler unida à promessa do chanceler de mudar logo a não fácil situação econômica e de dar novamente dignidade ao povo alemão (depois da humilhação do Tratado de Versalhes), fazem a balança pender em favor dos cristãos alemães. Eles, em um escrutínio interno da Igreja, em julho de 1933, obtêm mais de 70% nas eleições eclesiásticas e os seus delegados são eleitos em 26 igrejas regionais sobre 29. Somente as Igrejas da baixa Saxônia, Württemberg e Baviera, em um suspiro de dignidade, conseguem evitar a sua jurisdição.

Em setembro de 1933, com a clara finalidade de reunificar o protestantismo do país em uma estrutura centralizada mais controlável, Adolf Hitler, depois de ter obrigado à demissão, o bispo moderado Friedrich von Boldeschwingh, consegue fazer nomear como bispo-geral do Reich o bispo de simpatias filo-nazistas Ludwig Müller.

No dia cinco do mesmo mês, o sínodo nacional luterano não é dominado de modo preponderante pelos próprios cristãos alemães, com mais de 80% dos delegados vestindo a camisa marrom nazista. Dois meses depois, vinte mil se reúnem no palácio de esporte de Berlim, em um ambiente decorado por muitas bandeiras com a suástica e *banners* trazendo a inscrição: "Um só Reich! Um só Deus! Um só povo! Uma só Igreja!".

O chefe dos cristãos alemães berlinenses deseja que Igreja luterana possa liberar-se, para sempre, dos textos sombrios do Antigo Testamento, com a sua imoralidade judaica. Consequentemente, o Sínodo da Prússia promulga o vergonhoso *Parágrafo Ariano*, com o qual são excluídos do corpo pastoral, assim como de toda função pública, todas as pessoas que tenham ascendentes hebreus. Por reação, um conhecido teólogo da Igreja Confessional, Martin Niemöller, funda a Liga de Emergência para sustentar todos aqueles pastores atingidos, de alguma maneira, por tal medida, e convida os fiéis a rejeitarem fortemente o citado parágrafo.

Alguns milhares de pastores aderem à iniciativa.

Pensa-se que um grupo consistente de *resistentes* possa juntar-se e consolidar-se em torno de tal proposta, mas depois, por causa de um sermão que desagradou o Führer, Niemöller foi preso pela Gestapo.

Permanecerá, por mais de oito anos, até o fim do conflito mundial, em vários campos de concentração do Terceiro Reich e, terminada a guerra, será um dos principais artífices da Declaração de Stuttgart de 18 e 19 de outubro de 1945, com a qual se reconhecerá a responsabilidade da Igreja pelos graves erros cometidos sob o nazismo. No ano seguinte à promulgação do *Parágrafo Ariano*, as mais de setecentas mil pessoas são obrigadas a fundir-se com a *Hitler-Jugend* (juventude hitleriana, abreviada em HJ).

Os novos pastores são obrigados a jurar, diante de Deus, "ser leais e obedientes ao Führer do povo alemão: Adolf Hitler". Nesse quadro, Dietrich Bonhoeffer se convence bem cedo de que na Alemanha não exista mais nenhum espaço para ensinar teologia, no modo desejado, e se transfere para Londres por um ano e meio, tornando-se pastor de duas paróquias de compatriotas expatriados.

Em Londres, tem contatos e conhecimentos significativos. Foi introduzido em ambientes do monaquismo inglês, torna-se amigo do bispo anglicano de Chichester, George Bell, membro da Câmara dos Lordes, e fraterno amigo do pastor Franz Hildebrandt, já obrigado à emigração pela lei racial alemã. A partir da Inglaterra, busca apoiar, a distância, a Igreja Confessional, considerada, porém, em posições ainda muito frágeis e moderadas em relação ao nazismo, e consegue convencer a irmã Sabine, casada com um jovem de origem hebraica, Gerhard Leibholz, a deixar a Alemanha: coisa que a jovem fará, pois, em 1938, para refugiar-se em Londres.

Segue com interesse, embora a distância, o sínodo, convocado pela Igreja Confessional em Barmen, em maio de 1934, perto de Wuppertal, para redigir uma declaração com a qual se possa indicar a resistência ao nazismo (*Kirchenkampf*). Nela se afirma que Jesus Cristo é o único dom de Deus que reina sobre a vida dos homens e que a Igreja deve recusar-se a se tornar uma pura e simples engrenagem do Estado alemão. Além disso, a corrente dos chamados cristãos alemães é pintada como herética e é rejeitada, com convicção, toda forma de controle dos homens do Terceiro Reich sobre a própria Igreja.

O criador desse documento é o grande teólogo Karl Barth, expulso no ano seguinte da Alemanha, depois de rejeitar prestar juramento de fidelidade pessoal ao Führer.

Embora expulso, sucessivamente, Barth continuará a ocupar-se de perto dos acontecimentos alemães. Depois da *crise dos Sudetos* e da consequente ameaça nazista de invasão da Tchecoslováquia, em uma carta enviada de Basileia ao teólogo boêmio Josef Hromádka, afirma: "Todo soldado tcheco, que nesta batalha combate e sofre, o faz também por nós, e o digo hoje sem reservas: o faz também pela Igreja de Jesus Cristo".

No que diz respeito à Declaração de Barmen, Dietrich se lamenta do fato de que não dedique uma única frase à crítica situação dos hebreus: "Somente quem levanta a voz em defesa dos hebreus pode permitir-se também cantar em gregoriano (...); a Igreja é Igreja somente se existe para os outros", escreverá Bonhoeffer.

A causa da paz parece agora envolvê-lo com grande intensidade.

Em agosto de 1934, com o amigo francês Jean Lasserre, na ilha de Fano, na Dinamarca sul-ocidental, organiza um encontro com os responsáveis dos movimentos juvenis cristãos de vários países, da Alemanha à França e Escandinávia, da Grã-Bretanha à Hungria, Bélgica e Holanda, da Áustria aos Estados Unidos e ao Canadá. Os trabalhos dos grupos se alternam em relação ao tema preestabelecido referente "A Igreja e o Estado". Em 28 de agosto, Dietrich, no espaçoso salão do hotel onde estão hospedados, pronuncia um discurso memorável:

> Estes irmãos em Cristo observam a sua Palavra e não põem questões, mas respeitam o seu mandamento da paz e não se envergonham, apesar do mundo, de falar até mesmo de paz eterna. Não podem pegar em armas uns contra os outros, porque sabem que deste modo pegariam nas armas contra o próprio Cristo (...) Como se cria a paz? Com um sistema de tratados políticos? Investindo em capitais internacionais nos vários países? (...) Não existe via para a paz na via da segurança. A paz, de fato, vai ousada: é o único grande risco e nunca e jamais pode ser assegurada. Paz é o contrário de segurança.[9]

A intervenção de Bonhoeffer impressiona numerosas pessoas, sobretudo os mais jovens e, no intervalo entre uma

---

[9] BONHOEFFER, D. *Scritti scelti (1933-1945)*. Organizado por A. Cenci. Queriniana, Brescia, 2009, p. 63-64.

reunião de trabalho e outra, um estudante sueco lhe pergunta como se comportaria no caso de declaração de guerra. Esta é a sua resposta: "Pedirei a Deus para dar-me forças para não pegar em armas".

Mais tarde, escreve uma carta totalmente explícita ao bispo dinamarquês Ove Valdemar Ammundsen, diretor da Federação Mundial para a Promoção da Amizade Internacional entre as Igrejas (*Weltbund für internationale Freundschafrsabeit der Kirchen*): "Aqui, *mesmo na nossa condição para com o Estado*, se deve falar de modo totalmente franco, por amor de Jesus Cristo e pela causa ecumênica. Deve estar claro – por mais terrível que seja – que diante de nós está esta decisão: ou nacional-socialistas *ou* cristãos".[10]

Após o encontro de Fano, acompanha o amigo Lasserre a Bruay-en-Artois, não distante de Lille. Ver-se-ão novamente em 1937, na mesma localidade e, até a eclosão da guerra, permanecerão sempre em contato por correspondência. Em 1935, apesar de tudo, Bonhoeffer volta para a Alemanha, onde permanecerá até 1939.

Antes de deixar a Inglaterra (1935), Dietrich faz uma ampla viagem em vários mosteiros anglicanos, recebendo deles uma intensa impressão. O ideal de uma vida comunitária sempre o interpelou. Depois dos dezoito meses lon-

---

[10] Ibid., p. 37.

drinenses se questiona, profundamente, na preparação que caracterizará o seu futuro.

Primeiro, é tentado a ir para a Índia para encontrar Gandhi e especializar-se, então, nas práticas de resistência não violenta. Isso porque tem a precisa convicção de que todo o Cristianismo ocidental já esteja exausto, esvaziado por compromissos cotidianos com a sociedade que o acolhe e, portanto, incapaz de anunciar com credibilidade o Evangelho. No entanto, no final, prefere, contudo, retornar à pátria para tentar organizar seminários clandestinos para a formação de futuros pastores, na prospectiva da resistência espiritual ao nazismo. E, quando, pois, for convidado, através do bispo Bell, pelo próprio Gandhi... não aceitará e não dará lugar à possibilidade de um encontro entre eles. Deixada a Inglaterra, a sua meta é a Alemanha oriental, no caso específico na Pomerânia. Uma primeira tentativa de fundar um seminário para a Igreja Confessional, a implementa junto a uma estação balneária no mar Báltico, Zingst, não distante de Stralsund.

Nesse lugar, silencioso e varrido por ventos, no meio de uma natureza áspera e quase selvagem, Bonhoeffer busca promover, em condições não fáceis, uma vida comunitária para uns vinte jovens. Entre as dunas ou em velhas casas de teto de palha, organiza e anima os estudos bíblicos, no curso de longas jornadas primaveris e quase de verão, citando sempre, por um longo tempo, o Sermão da Montanha.

A segunda experiência – que se prolongará por mais dois anos – se realiza em Finkenwalde, uma localidade posta sobre um dos ramos do delta do rio Oder, não distante da cidade portuária de Stettino (*Stettin*). Em um edifício no coração de um grande bosque, a sua vida transcorre inteiramente entre o ensino e a reflexão teológica, a meditação e a comunhão fraterna, recíproca assistência e alegria de estar no meio da natureza: uma forma especial de monaquismo evangélico, inspirado nos modelos monásticos ingleses que pode frequentar.

Dietrich escolhe, portanto, empenhar-se totalmente na formação desses jovens que não querem ser ordenados na Igreja oficial, rejeitando o salário e a previdência social da função pastoral. Há muito está convicto de que a tradicional formação acadêmica seja totalmente inadequada em relação ao drama da hora presente.

A Escritura é o ponto firme e inamovível da sua vida, como o era para os Padres da Igreja e para os pensadores cristãos dos primeiros séculos. Já na primavera de 1936, tinha escrito ao cunhado Rüdiger Schleicher: "A Bíblia é o lugar que Deus escolheu para encontrar-nos! Todo outro lugar, fora dela, tornou-se para mim tão incerto!". Se a Bíblia, desde os seus primeiros estudos, foi considerada o critério fundamental da sua pesquisa teológica, agora Dietrich a lê pela manhã e à noite, muitas vezes também durante o dia, porque crê que nela possa existir a resposta a todas as inquietudes e questões dos homens. Lê os Salmos e lhes faz ler e recitar também aos seus alunos, aos quais, em várias ocasiões, faz escutar aqueles discos com os *spiritual*, adquiridos anos antes nos Estados Unidos.

"Deus nos doa a sua Palavra; e com esta nos impulsiona a buscar um conhecimento sempre mais rico e um dom sempre mais esplêndido. Quanto mais recebemos, tanto mais devemos buscá-lo, e quanto mais buscamos, tanto mais recebemos dele. Uma vez que a Palavra de Deus nos alcançou, podemos dizer: busco-te com todo coração",[11] escrevia.

Para Bonhoeffer a fé deve servir para dar concretude à Palavra dentro da história. Em comparação com a modernidade, com a obediência ao Evangelho, a ação dos fiéis deve estar sempre ancorada na transcendência. Somente nas jornadas festivas ele tem uma breve meditação, enquanto nos outros dias promove uma oração espontânea. Imediatamente depois, faz uma meditação pessoal com duração de pelo menos meia hora. Assim são formados quase cento e cinquenta jovens pastores que, a partir dessa experiência comunitária, permaneceram profundamente envolvidos; com eles, realizará também uma viagem de estudos na Suécia e na Dinamarca.

A experiência de Finkenwalde é importante também porque, entre os alunos quase coetâneos, Dietrich encontra Eberhard Bethge que, brevemente, se tornou um dos seus

---

[11] Id. *Vita comune*. 6. ed. Queriniana, Brescia, 2015, p. 59-68.

amigos mais íntimos (em 1936 farão juntos uma breve viagem à Itália), além de sobrinho adquirido quando, em 15 de maio de 1943, casa com a filha de sua irmã Úrsula: Renate.

Eberhard nasceu em agosto de 1909, em Rosenau, na região de Magdeburgo, e se tornará, entre 1943 e 1944, o destinatário de várias cartas da prisão e, após a guerra, o editor de tais escritos; nos anos sessenta será o seu principal biógrafo e a ele devemos o conhecimento intenso e aprofundado que se tem de Bonhoeffer, além do reconhecimento em nível internacional.

Desse fecundo período nascerão três obras assaz apreciadas nos anos posteriores.

Em 1937, Bonhoeffer publica *Sequela*, na qual retoma os textos de um curso feito por ele sobre as modalidades de fidelidade a Jesus Cristo. Nela existe uma crítica evidente e forte àquela parte maioritária da Igreja protestante alemã que acolheu Adolf Hitler qual homem da providência enviado por Deus.

> A graça a baixo preço é a inimiga mortal da nossa Igreja. Isto pelo qual hoje lutamos é a graça a alto preço. Graça a baixo preço significa graça como mercadoria em venda promocional, significa venda da remissão, do conforto, do sacramento (...) Graças a alto preço é o tesouro escondido no campo, por amor do qual o homem vai e vende com alegria tudo aquilo que tinha; a pérola preciosa por cujo valor o mercador dá todos os seus bens (...).

É a alto preço, porque chama à *sequela* de Jesus Cristo; é a alto preço porque custa ao homem o preço da vida, é graça porque, exatamente de tal modo, lhe doa a vida (...) A graça é a alto preço sobretudo porque custou caro a Deus, porque lhe custou a vida do seu Filho (...) e porque não pode ser a baixo preço para nós aquilo que custou caro a Deus. É graça sobretudo porque Deus não considerou muito elevado o preço do seu Filho para a nossa vida, mas o deu por nós. Graças ao alto preço é a encarnação de Deus.[12]

O outro texto daquele período é *Vida comum* de 1938. É uma reflexão teológica e toma a inspiração exatamente da longa experiência de vida que teve em Finkenwalde. Tornar-se-á o livro preferido de muitos religiosos e monges, protestantes e católicos, isto é, daqueles que vivem experiências comunitárias. "Somente por meio de Cristo se é irmão. Somente por meio de Cristo existe e existirá uma comunhão entre mim e o outro, que permanece para sempre no futuro e na eternidade".[13]

Um outro texto, publicado postumamente, é *A palavra pregada*: trata-se de um curso de homilética feito em Finkenwalde (1935-1939), um testemunho precioso do seu ensino.

O eco da sua experiência tem um peso não indiferente na fundação de algumas comunidades, como a promovida em 1940 em Taizé, perto de Cluny, na Borgonha, pelo irmão

---

[12] Id. *Sequela*. 3. ed. Queriniana, Brescia, 2012, p. 27-29.

[13] Cf. id., *Vita comune*, p. 59-68.

Roger Schulz. Sem esquecer também a atenção que lhe foi dirigida por alguns ambientes da vida religiosa católica.

Em setembro de 1937, a Gestapo, a terrível e onipresente Polícia secreta do Estado, descobre, porém, o lugar onde se desenvolvem os cursos e o edifício é primeiro saqueado e depois destruído. Dentro de poucas semanas, uns trinta ex-estudantes são aprisionados, enquanto todos os outros, depois da declaração da guerra, são enviados na primeira linha ao combate.

De fato, no mês anterior, com um decreto assinado pelo comandante da polícia Heinrich Himmler, o regime declara ilegal a atividade de formação dos candidatos a pastores para a Igreja Confessional. Bonhoeffer, em seguida, deve, portanto, inventar um sistema diverso para a formação dos novos pastores, que consistirá na fundação dos chamados *vicariatos coletivos* e durará até 1939-1940. Dietrich vai habitar na cidade de Köslin (hoje Koszalin) na Pomerânia oriental, a mais de uma centena de quilômetros de distância de Stettino, não distante das costas do Báltico. Consegue enviar para as cidades e aldeias vizinhas seus outros alunos, como vigários para fazer o tirocínio nas paróquias. Na localidade de Gross Schlönwitz (hoje Slonowice), Schlawe (hoje Slawno), Gross Tychow (Tychowo), Klein-Krössin (Krosinko) e Kieckow (Kikowo), esses jovens de dia desenvolvem um ministério regular junto às igrejas dos pastores titulares, enquanto no curso da noite se reencontram, em silêncio, clandestinamente com Bonhoeffer.

No final, todos vão habitar no presbitério de Gross Schlönwitz, com Eberhard Bethge como inspetor dos estudantes e, de fato, se tornam estudantes em tempo integral. Nos anos posteriores, Dietrich continuará a acompanhar a vida dos ex-alunos por meio de cartas pessoais e, enquanto possível, de encontros. Tal ligação se mantém também nos primeiros anos do conflito mundial, porque muitos desses jovens são enviados nas frentes de batalha mais difíceis e dramáticas e, especialmente, na União Soviética, visto o preciso projeto do regime de demolir a Igreja Confessional. Muitas vezes Bonhoeffer será obrigado a enviar cartas de condolências às famílias dos caídos, que infelizmente serão a maioria de quantos frequentaram os seus cursos.

Pouco antes da eclosão da guerra, emigra novamente para os Estados Unidos porque a sua, já não fácil, posição pessoal se tornou absolutamente precária: não pode mais deslocar-se livremente, não pode mais falar em público nem escrever e publicar nada. Também lhe foi retirada a permissão de habilitação à docência. Nos Estados Unidos da América, dentro de pouco tempo, sofre uma forte crise de consciência, pelo fato de ter abandonado o próprio povo e de não ter tentado lutar a partir de *dentro*, com maior determinação, contra a louca e criminosa política implementada no próprio país por homens do partido nazista. Entende que a sua partida para os EUA foi somente uma fuga e uma traição. Deve reagir imediatamente!

Há algum tempo deu-se conta da capacidade sedutora demoníaca de Adolf Hitler. Em outros termos, o chefe do nazismo aproveitou, desde o início do seu mandato, da religiosidade alemã para usar Deus para os seus fins, e Bonhoeffer considera que isso não possa ser mais tolerado. Considera necessário intervir também em termos drásticos e dramáticos – como a superação das suas posições pacifistas –, mesmo que possam dilacerar a consciência.

É óbvio que a decisão é grave. Já em 1938 foi contatado por membros da Resistência e, mesmo não estando distante politicamente das suas posições, hesitou por longo tempo a responder e a aderir. Um cristão pode colaborar com a morte de um tirano? Pode-se atentar à estrutura estatal do próprio país? Um membro de uma conspiração, mesmo que seja contra um tirano cruel e sanguinário, pode continuar sendo um pastor? Em todo caso, ao menos em nível moral, é ainda digno de celebrar a santa ceia com os fiéis? Há muito tempo está afligido por estas questões... Mas agora considera que a medida está cheia e que seja necessário agir para a salvação do povo, remetendo-se ao juízo de Deus e confiando-se na sua misericórdia e na sua graça. Está sempre mais convicto de que a Revelação comporte mais uma fé que uma religião e que, contudo, exija uma responsabilidade pessoal ao assumir o destino dos outros.

Por amor aos outros, também assumindo a cruz.

Nesse período, também o irmão mais velho Karl Friedrich, químico e físico famoso, já professor nas universidades de Frankfurt no Meno, Lipsia e Berlim, encontra-se nos Estados Unidos.

Karl Friedrich nasceu em 13 de janeiro de 1899, estranhamente no mesmo ano do irmão Walter (10 de dezembro de 1899) que desapareceu na Grande Guerra. Para Karl é oferecida a possibilidade de obter uma cátedra de física em Chicago, mas a rejeita. Os dois irmãos decidem, com convicção, retornar juntos para a Alemanha.

Não obstante os amigos americanos, entre os quais Paul Lehmann, conhecido na sua primeira experiência nos Estados Unidos, tentarem contê-lo, Dietrich decide reentrar, em 7 de julho de 1939, com um dos últimos navios de partida para a Europa, antes do início do conflito. Embora consciente dos perigos aos quais pode ir ao encontro, entra imediatamente em contato com os grupos contrários ao regime e com aqueles que buscam fazer resistência ativa ao governo, custe o que custar. A escolha empreendida é muito significativa para ele. Recordará mais tarde: "Estou contente por ter estado lá e me dei conta de coisas importantes para todas as minhas futuras decisões pessoais. Provavelmente, esta viagem me influenciará muito".[14]

Esse retorno à pátria e esta nova forte assunção de responsabilidade, só nos pode forçar a meditar. Porque a sua

---

[14] Id. *Scritti scelti (1933-1945)*, p. 636.

vida existencialmente de *homem peregrino* que se transfere de um lugar ao outro, baseado nas exigências éticas do momento, assume um grande valor moral.

Tal escolha evidencia também como no seu pensamento teológico e ético tenham existido *três períodos* diversos: *até 1929*, antes de sua transferência como bolsista em Nova York, expõe uma teologia nacionalista relativamente clássica; *de 1930 a 1939*, além de apresentar uma exegese literal do Sermão da Montanha, propõe uma forma de pacifismo radical; *a partir de 1940*, após o retorno à Alemanha, Bonhoeffer elabora uma ética que busca avaliar as ações mais aptas em cada contexto específico, ao invés de seguir princípios absolutos precedentemente escolhidos.

Especialmente os textos aprofundados nos anos perturbados que viverá, até o seu trágico desaparecimento, lhe permitirão elaborar reflexões de alcance universal. Reflexões que podem ser válidas em todos os tempos e, portanto, também nos nossos dias.

Nos primeiros meses da nova vida na Alemanha, entre outras coisas, ocupa-se por um breve tempo ainda do vicariato coletivo que transferiu, nesse meio-tempo, de Gross Schlönwitz para Sigurdshof.

A experiência, porém, dura pouco tempo porque o vicariato é fechado pela Gestapo em 18 de março de 1940. Graças ao irmão Klaus, mas, especialmente, aos cunhados Hans von Dohnányi, marido da irmã Christine, e Rüdiger

Schleicher, marido da irmã Úrsula, foi acolhido nas fileiras da *Abwehr*,[15] o serviço secreto militar comandado pelo almirante Wilhelm Franz Canaris, que, com vários outros importantes oficiais, bem como com um fiel e confiabilíssimo colaborador como o coronel Hans Oster, está há tempos organizando um complô para eliminar Hitler.

O recrutamento por parte dos serviços secretos lhe consente poder para subtrair-se ao serviço militar e ao alistamento para o *front* da guerra, como tinha afirmado e desejado na praia de Fano em 1934. O escritório central para a segurança do Reich lhe confirma a proibição de tomar a palavra em público, especialmente, desde quando, em 27 de fevereiro, opôs uma nítida rejeição ao pedido de prestar serviço como capelão militar, mas o seu novo papel de agente secreto lhe permite circular livremente sem controles, tanto na pátria como no exterior.

Isso lhe consente entrar no círculo da resistência militar ativa, realizando também algumas viagens na Europa por conta da *Abwehr*, igual a outros famosos agentes secretos, como Hans Bohm-Tettelbach, Erich Kordt, Sven Hassel. Ao mesmo tempo, busca camuflar-se e não dar na vista. Eberhard Bethge recordou como, em 17 de junho de 1940, enquanto estavam sentados no terraço de um café na Prússia

---

[15] "Defesa", nome do serviço de informação do exército alemão, ativo de 1920 a 1945. Reportava-se diretamente ao OKW (Oberkommando der Wehrmacht), alto comando das forças armadas alemãs. (N.T.)

oriental, na cidade de Memel (hoje pertencente à Lituânia, com o nome de Klaipeda), acolheu, com a saudação nazista – como todos os presentes –, o anúncio da rendição do Estado francês. À sua amigável reprovação, Bonhoeffer responde como não seja o caso de expor-se ao perigo de uma saudação banal, enquanto não comporta nenhuma submissão moral.

Em Berlim mora com os pais e, desde quando o pai, em 1935, se aposenta, residem no elegante bairro de Charlottenburg, em uma rua arborizada.

Nesse tempo, inicia-se para ele um período estranho, durante o qual é obrigado a desenvolver uma atividade que não é certamente sua, com alguém que se surpreende com as suas manobras e seus movimentos, mesmo que busque cumprir, da melhor maneira, a tarefa que lhe foi confiada.

As viagens através da Europa têm uma finalidade bem precisa, a de informar os ambientes estrangeiros sobre as manobras dos opositores militares ao nazismo e sobre os desenvolvimentos da conspiração contra o ditador. Dietrich se dirige várias vezes à Noruega, Suécia, Suíça (uma primeira vez entre fevereiro e março de 1941, para encontrar o velho amigo Karl Barth e expoentes do movimento ecumênico, como o seu secretário-geral, o pastor holandês Willem Visser't Hooft) e Itália, onde se hospeda com o cunhado von Dohnányi por quase um mês, entre junho e julho de 1942.

Na Confederação Helvética vai outras duas vezes e, na segunda, o próprio Barth, que embora o conheça muito bem, lhe expõe as próprias perplexidades sobre o fato de que uma pessoa, não agradável ao regime como ele, possa viajar desse modo, utilizando como moeda forte dólares e esterlinas e exibindo um passaporte especial de espionagem militar. Bonhoeffer tenta esclarecer a situação uma vez por todas, mas, ainda no curso de uma terceira viagem, percebe em torno de si e da sua missão qualquer suspeita.

Na Noruega, ocupada por tropas alemãs, onde voa junto a Helmuth James von Moltke, a *Abwehr* tenta apoiar a resistência eclesial norueguesa e está intencionada, de alguma maneira, a resolver o problema do bispo Eivind Berggrav, preso pelo governo reacionário e colaboracionista de Vidkun Quisling. Da viagem na Suécia, diremos mais adiante, enquanto da estada italiana jamais se soube muito mesmo pela prudência dos ambientes vaticanos.

Numa ocasião, consegue fazer fugir para a Confederação Helvética uma dúzia de pessoas de origem hebraica, mesmo que, depois, isso lhe será contestado pelo Tribunal de Guerra do Terceiro Reich. Reside, por algum tempo, na abadia beneditina de Ettal, no cenário dos Alpes bávaros, não distante de Garmisch-Partenkirchen.

Bonhoeffer aprecia muitíssimo a tranquilidade e os ritmos da vida monástica que lhe permitem meditar e escrever. Em 1942, quase incrivelmente, recebe uma inesperada missiva do velho amigo Jean Lasserre. Ele é pastor na cidadezinha de Maubeuge, na França ocupada, nas proximidades do território belga guarnecido pelas forças nazistas.

Dois oficiais crentes da *Wehrmacht* (o exército alemão que ocupava naquele período a França norte ocidental, em um total de mais de trezentos mil quilômetros quadrados), Heinrich Gellermann e Heinrich Sievers, entram na igreja para assistir ao culto. Lasserre, no final do rito, lhes convida para o presbitério e, com recíproca comoção, confraterniza com eles. Desde o início do conflito Lasserre não tem notícias de Dietrich e ousa pedir, aos dois oficiais, para entregar-lhe cartas. Serão os últimos contatos com Lasserre,[16] que viverá, pois, até 1983 e que permanecerá sempre nas posições pacifistas, em desacordo com toda tentativa de eliminação do ditador alemão. Na primavera de 1943, Gellermann e Sievers são enviados ao *front* do leste, do qual não regressam.

Bonhoeffer, às vezes, se dirige, na amada Pomerânia, a Kieckow e a Klein-Krössin, onde visita uma anciã senhora antinazista de família nobre, Ruth von Kleist-Retzow. Ruth é a avó de Maria von Wedemeyer, uma bela e fascinante jovem destinada a se tornar, completamente inesperado, a sua noiva, a partir de janeiro de 1943.

Nesse período e nesses lugares, escreve um texto importante, embora não concluído, como *Ética*. A tarefa da fé cristã é continuar a pensar lucidamente, por isso uma ética

---

[16] BETHGE, E. *Dietrich Bonhoeffer*, p. 152-155.

do *dever ser* contraposta ao *ser* é destinada a permanecer abstrata. A realidade vai interpretada teologicamente a partir de Jesus Cristo, que se torna homem e entra no mundo assim como é. Propriamente na cruz Deus mostra não querer ser sem o mundo nem sem o ser humano e, assim, o mundo, embora na sua tragédia, foi reconciliado e a realidade assume uma prospectiva nova. Sob essa luz, evidencia-se, então, a crise dos critérios tradicionais éticos erigidos, a princípio, incapazes de manter as circunstâncias extraordinárias do seu tempo, demonstrando-se verdadeiras e próprias armas enferrujadas.

Por ocasião do Natal de 1942, escreve um longo e lúcido ensaio intitulado *Dez anos depois*,[17] no qual analisa a fundo o dramático período atravessado pela Alemanha na década precedente.

Oferece essa sua reflexão a Hans von Dohnányi, Hans Oster e Eberhard Bethge: o cunhado que o introduziu no ambiente da espionagem militar, o chefe do departamento central da própria *Abwehr*, que o estima muitíssimo pela sua retidão, e o melhor amigo, noivo da sobrinha Renate que logo casará.

Ele faz o balanço de uma década do ponto de vista teológico e ético.

---

[17] BONHOEFFER, D. *Resistenza e resa. Lettere e altri scritti dal carcere*. 3. ed. San Paolo, Cinisello Balsamo, 2015, p. 61.

O quadro é desolador: a Igreja Confessional está vivendo um momento de dificuldade, a propaganda do regime é sempre maciça e eficaz, a repressão dos nazistas atinge com crueldade as tímidas tentativas de resistência, os amados ex-alunos de Finkenwalde, ao menos aqueles que ainda não estão mortos, são enviados à frente russa. Ainda que, com as batalhas de El Alamein, já perdidas pelas forças do Eixo, e Stalingrado ainda dramaticamente em ação, o curso do conflito esteja mudando e tendo uma reviravolta decisiva.

O diagnóstico de Bonhoeffer é claro: "O grande disfarce do mal rompeu todos os conceitos éticos (...) para o cristão que vive da Bíblia é, precisamente, a confirmação da abissal maldade do mal".[18] Dietrich elenca com cuidado os diversos comportamentos adotados nos confrontos do reino do mal, assim como os relativos fracassos.

Esse texto tão importante, porque dedicado aos amigos empenhados na oposição ao regime que, em certo sentido, são encorajados por suas frases, estranhamente foge às pesquisas e será reencontrado somente no final da guerra, em uma Berlim devastada. É o seu último escrito compilado na liberdade, antes de ser preso.

Por cerca de onze meses, a partir de 10 de janeiro do mesmo ano, os chefes nazistas do Terceiro Reich, no congresso de Wannsee, um subúrbio de Berlim, decidiram dar início

---

[18] Ibid., p. 62.

à chamada *solução final* da questão dos hebreus e dos ciganos: em outras palavras o início da *Shoah* e do *Porrajmos*.[19]

A pátria de Bach, Goeth, Kant, Schopenhauer, para citar somente algumas personalidades alemãs, a própria nobre Alemanha que, no curso dos séculos, deu tanto à cultura mundial, escolheu percorrer a estrada do abismo e da ignomínia total.

Na tentativa de mudar os destinos do conflito, de 1943 em diante, aos trabalhadores estrangeiros e aos milhões de prisioneiros de várias nacionalidades – chamados a substituir os alemães enviados ao *front* – é imposto o trabalho nas fábricas do Reich em condições atrozes e turnos massacrantes, no clima desumano e alucinante da indústria bélica alemã. Em alguns lugares as condições são verdadeiramente intoleráveis. Para recordar um caso, no campo de Mittelbau-Dora perto de Nordhausen, não distante de Hannover, algumas dezenas de milhares de operários trabalham sob o solo para montar peças que servem para a construção das armas especiais e secretas – especialmente mísseis e bombas V1 e V2 – com as quais os nazistas buscam em vão mudar os eventos agora marcados pela guerra.

O tratamento usado com eles é tão bestial que, quando o lugar é visitado por Albert Speer, ministro dos Armamentos e da Produção Bélica, ele desmaia, dando-se conta da-

---

[19] *Porrajmos* (devorar) extermínio nazista dos rom e dos sinti. *Shoah* (tempestade devastadora que destrói tudo) extermínio dos hebreus.

quilo que acontece efetivamente na grande fábrica. Imediatamente, recupera-se e é enviado de volta com urgência para Berlim, porque um ministro alemão não pode de nenhum modo mostrar fraquezas humanas.

Mas, anos depois, o próprio Speer escreverá:

> As condições em que estes prisioneiros eram obrigados a trabalhar eram, reconheço, simplesmente bárbaras. Um sentido de culpa pessoal tomou posse de mim e me atravessa a consciência cada vez que volto a pensar. A recordação está impressa na minha mente de modo indelével, e volta a perturbar-me continuamente. E cada vez me relança a acusação, carregada de tristeza, de pena, de estupor por tanta falta de humanidade, tanta baixeza moral.

Nos primeiros meses de 1943, entre fevereiro e março, na sede da *Abwehr* se preparam viagens para Dietrich e o cunhado Hans; primeiro nos Bálcãs e depois em Roma, onde deveria conduzir as tratativas secretas junto ao Vaticano. Um projeto ao qual fará referência mais vezes, mas que não se realizará. Em 5 de abril de 1943, depois da prisão do cunhado Hans von Dohnányi e da esposa Christine, sua irmã, é também ele detido pelos agentes da Gestapo e preso na *cela 92* da prisão militar de Tegel, em Berlim, ainda que, nesse momento, aparentemente, o capítulo de acusação contra ele parece somente o de relutância ao alistamento.

Na realidade não foi propriamente assim.

Pouco tempo antes, alguns colaboradores da *Abwehr* de Mônaco da Baviera tinham sido implicados em um ilícito voluntário. No curso dos interrogatórios, de fato, tinham revelado, especialmente Wilhelm Schmidhuber, a temível polícia secreta, aquilo que sabiam das atividades conspiradoras da sua central berlinense. Assim, Manfred Roeder, procurador do Tribunal de Guerra (tornado assaz popular por ter obtido uma ratificação de condenação à morte contra os membros da chamada Orquestra Vermelha, organização espiã às ordens da União Soviética) e Franz Xaver Sonderegger, comissário da Gestapo, chegam improvisamente no escritório de Canaris para prender Dohnányi.

Na busca feita em seu quarto são encontrados alguns documentos relativos a Dietrich, com os quais se reforça a suspeita, da parte dos investigadores, de projetos conspirativos. Como resultado, a prevista missão romana é anulada. Contemporaneamente, em Mônaco foi preso também o advogado católico Josef Müller, membro da *Abwehr*.

Müller é o homem em relação com o Vaticano que, graças também ao empenho pessoal de Pio XII, com o qual tinha uma antiga relação de amizade, desde quando Eugenio Pacelli tinha sido núncio na Baviera, tinha conseguido estabelecer contatos com os Aliados. Foi preso em Roma, junto com a esposa, com a qual casara em 1937 em uma basílica da cidade eterna. Depois disso, conseguirá quase milagrosamente se salvar.

Na ocasião, Oster busca defender o seu colaborador von Dohnányi, mas não pode fazer muito porque ele mesmo é um especial vigiado. O prestígio do próprio almirante Canaris começa a vacilar. Quando Bonhoeffer foi preso, Maria von Wedemeyer, a noiva, não sabe nada e, em 18 de abril, em Pätzig, fala com o seu cunhado Klaus von Bismarck, ao qual diz querer ver Dietrich, apesar das proibições impostas, ao menos no momento, pela mãe e pelos outros familiares.

Pouco depois, encontra o tio Hans-Jürgen von Kleist-Retzow, que lhe comunica a recente detenção e a relativa prisão do seu noivo. A jovem não tem noção dos acontecimentos de Dietrich, mas conhece, embora vagamente, a sua natureza política, dando-se conta de que as posições do teólogo sejam muito mais avançadas e radicais do que tinham sido as do pai.

Embora talvez amedrontada, se não atônita por elas, comporta-se com notável dignidade, aceitando, contudo, com grande coragem, a sua nova e inesperada condição de jovem, nobre mulher, unida sentimentalmente a um detido.

O texto *Ética* foi infelizmente interrompido pela prisão do seu autor. Nele não se afronta, explicitamente, o problema do tiranicídio, mas, lá onde escreve: "Arbitrária é qualquer morte consciente de uma vida inocente", de fato, retira a proibição de matar o caráter absoluto. Em outras palavras, se o homicídio é ilegítimo somente quando a vítima é inocente, o tiranicídio pode reentrar na categoria dos homicídios autorizados. Iluminadora, a esse respeito, pode ser a leitura do *Diário* de Maria, em 16 de outubro de 1942, na época da composição de *Ética*, quando do colóquio ocorrido com o futuro noivo refere-se a quanto segue:

> Disse que para nós é tradição que os jovens se alistem como voluntários. Mas a seu parecer devem também existir pessoas que possam combater somente seguindo as próprias convicções pessoais. Se aprovam o motivo da guerra, tudo bem. Mas, se não for assim, o melhor modo de servir a pátria é agir na frente interna, talvez também contra o regime. Portanto, a sua tarefa seria a de evitar, o maior tempo possível, o serviço na *Wehrmacht*, e até mesmo, em certos casos, se podem conciliá-lo com a sua consciência de recusar o serviço militar.

Em todo caso, quando a voz da consciência prevalece sobre toda consideração, inclusive as morais, a proibição de matar pode ser menor, especialmente se um certo homicídio permitir evitar outros. Além disso, o tiranicídio não está totalmente em contradição, mesmo com um certo pacifismo, se faz referência à objeção de consciência.

Tegel é uma prisão que permanece separada por um aeroporto militar através de um grande parque e um lago, na qual Dietrich passa dezoito meses. Mas sempre espera poder se defender em um processo regular e ser libertado a seguir, mesmo que deva, às vezes, especialmente no início, suportar os insultos dos guardas, a exiguidade do espaço da cela e a total carência de limpeza do ambiente. Além disso, nas primeiras semanas, fica totalmente isolado do exterior.

Foi-lhe concedido escrever uma carta, a cada dez dias, somente aos pais. Nessas missivas, por um lado, não faz mais que pedir desculpas pelos problemas que criou para eles. Por outro, busca tranquilizá-los, afirmando que é tratado muito bem. Felizmente, pode ter consigo a Bíblia, na qual medita dia e noite. Os bombardeios noturnos aliados, com os quais se tenta repetidamente destruir a Borsing (famosa fábrica alemã das locomotivas), situada perto da prisão, aterrorizam os detidos. Bonhoeffer busca em várias ocasiões assistir de perto os mais amedrontados para acalmá-los e ajudá-los a retomar o sono, como testemunharam, em várias ocasiões, Dante Curcio e Gaetano Latmiral, dois oficiais italianos também presos.

As suas condições de detido melhoram pouco a pouco em medida considerável, também por essa atitude de solicitude pastoral. Os capatazes acabam por respeitá-lo, alguns deles se interessam por ele, a ponto de conceder-lhe certa liberdade de movimento na prisão.

Ao amanhecer, quando desperta, no silêncio da prisão, o primeiro pensamento é para Deus e se põe a rezar. Sabe que, se descuidar da oração da manhã, a sua jornada será ofuscada pela fragilidade e pelo desconforto. Encontra força para ir adiante, pensando nos sofrimentos que Jesus Cristo suportou para o bem dos homens, e se joga, então, nos seus braços. Nos momentos de dificuldade, sente sempre a proximidade, a consolação e a ajuda de Deus.

Em 30 de julho, pelo tribunal da guerra do Reich, ele vem a saber que a instrutória penal, redigida pelo procurador Roeder contra ele, tinha chegado agora à conclusão e se esteja preparando a formulação da acusação. Foi-lhe concedido procurar um advogado, poder expedir uma carta a cada quatro dias e escrever para a noiva, que foi autorizada a vir periodicamente encontrá-lo na prisão. Além disso, pode se comunicar com o exterior, às vezes fora de controle da censura, provavelmente pela proteção que, embora seja a distância, ainda lhe consegue dar, no momento, Canaris e talvez também pela ajuda do primo Paul von Hase, comandante militar de Berlim.

Em 21 de setembro recebe uma renovada ordem de prisão e a acusação formal de atividade apta à desmoralização das tropas. Não existe a acusação fatal de alta traição, enquanto alguns magistrados, bem-dispostos contra ele, como o juiz militar Karl Sack e o procurador de guerra do Reich Alexander Kraell, conseguem afastar da capital o procurador Roeder, promovendo-o a juiz chefe da quarta frota aérea da Luftwaffe em Lemberg e fazendo-o ser substituído pelo menos rígido conselheiro judiciário Hugh Kutzner.

Mais tarde, por diversos meses, transcorrem momentos de grande serenidade. Tudo lhe parece dar alegria: as visitas de Maria, as flores ainda vívidas do outono, um olhar pela janela da cela, a meia hora de movimento no pátio entre as castanheiras e tílias.[20] Também na prisão continua a apreciar intensamente e a amar a realidade do universo enquanto lugar da encarnação.

Escreve numerosas cartas, com ensaios (também o esboço de um romance e de um drama teatral) e poesias, enviadas a Eberhard Bethge. Tais textos, muitos dos quais frutos de uma profunda reflexão teológica, serão publicados depois da guerra com o título *Resistência e submissão* e constituem certamente a sua obra mais conhecida.

> Aqui me perguntei muitas vezes por onde passam os limites entre a resistência e a igualmente necessária submissão diante do "destino". Os limites entre resistência e submissão não se podem determinar então no plano dos princípios; uma e outra devem estar presentes e assumidas com determinação. A fé exige este agir móvel e vivo. Somente assim podemos enfrentar e tornar fecunda a situação que, de vez em quando, se nos apresenta.[21]

Tem também direito a receber encomendas e visitas dos familiares e dos amigos sobre a vigilância de um guarda, e sua noiva pode encontrá-lo no parlatório com uma certa regularidade. Com Maria vive a esperança – talvez excessiva

---

[20] A tília é uma planta medicinal presente no hemisfério Norte, onde o ambiente é propício para o seu desenvolvimento. Para os germânicos, as tílias eram árvores sagradas com poderes mágicos que protegiam os guerreiros. (N.T.)

[21] BONHOEFFER, D. *Resistenza e resa*, p. 306.

e ingênua – de ser em breve libertado e juntos fazem muitas vezes projetos de matrimônio.

Em novembro de 1943, foi envolvido por um drama familiar. Durante um dos tantos bombardeamentos maciços sobre Berlim, uma bomba incendiária explode na cela do cunhado Hans von Dohnányi. Atingido por embolia cerebral, embora enviado para uma intervenção cirúrgica no hospital da Charité, ele fica com as pernas paralisadas.

Mais tarde, Hans é transferido para o campo de Sachsenhausen e, em razão de, no incêndio após a incursão aérea dos Aliados, ter sido destruído parte do arquivo de Tegel, o procurador Roeder é chamado a Lemberg para poder reconstruir o material perdido.

A tranquilidade relativa da existência de prisioneiro de Dietrich termina com o fracasso do atentado a Hitler em 20 de julho de 1944. Mesmo que não pudesse saber com exatidão quando teria acontecido, é claro que tal dia fatal era esperado, na cela de Tegel, como um momento possível e, longamente esperado, de definitiva reviravolta. Todavia, ele se dá conta de como sua sorte esteja agora marcada.

Na prospectiva de um fim violento, quase certo e, agora, próximo, compõe versos sublimes:

Vem, agora, festa suprema no caminho para a eterna liberdade,
morte, quebra as pesadas correntes e os muros
do nosso efêmero corpo e da nossa alma cega,

para que finalmente vejamos
aquilo que aqui está impedido de ver.
Liberdade, há muito te buscamos,
na disciplina, na ação e no sofrimento.
Morrendo, te reconhecemos agora, no rosto de Deus.[22]

A um italiano detido, companheiro de prisão, que lhe pergunta por que um cristão e um pastor como ele podem ter tomado parte em um complô, visando matar Adolf Hitler, segundo quanto afirmado por Eberhard Bethge, Dietrich responde: "Quando um louco lança o seu carro na calçada, eu não posso, como pastor, contentar-me em enterrar os mortos e consolar as famílias. Eu devo, se me encontro naquele lugar, pular e arrancar o condutor do seu volante".[23]

Além disso, por algumas semanas não acontece nada. Alguns amigos estudam até mesmo um plano de fuga a ser efetuado com a cumplicidade de um guarda. Alguém pensa em disfarçá-lo de mecânico, para fazê-lo sair da prisão e escondê-lo, até o fim da guerra, entre as hortas dos operários.

Em um primeiro momento, Dietrich está de acordo, mas depois renuncia ao projeto para não submeter os familiares e a noiva a possíveis represálias. A Gestapo, enquanto isso, efetua novas buscas em uma base da *Abwehr*, em Zossen, e encontra entre os documentos do seu cunhado Hans von Dohnányi cartas assaz comprometedoras.

---

22 Id., *Poesie*. Organizado por A. Melloni. Edizioni Qiqajon, Magnano, 1999.

23 BETHGE, E. *Dietrich Bonhoeffer*, p. 918.

Em 8 de outubro é transferido para as prisões que se encontram sob a sede da Polícia Secreta, na centralíssima Prinz-Albrecht-Strasse, n. 8, em uma cela estreita e privada de janelas. Um lugar definido como *inferno* pelo almirante Canaris e do qual, anos depois, o poderoso ex-expoente das SS,[24] Eugen Dollman, escreveria: "Não se pode imaginar qual terror incutisse a todos, na Alemanha, aquele simples endereço". Nessas prisões foram já trancados Carl Goerdeler, Joseph Müller, os generais Hans Oster, Franz Halder, Georg Thomas, o almirante Wilhelm Canaris e o juiz Karl Sack, que tinha sido seu protetor. Além deles, também um primo de Maria, o major Fabian von Schlabrendorff – ajudante de campo do general Henning von Tresckow –, o único a sobreviver e que, após a guerra, é destinado a se tornar um dos promotores da nova constituição da Alemanha Federal.

Narrará sucessivamente como, naqueles dias difíceis, com o seu comportamento sempre gentil e atencioso com todos, cheio, no entanto, de esperança, Dietrich em pouco tempo conquista também os guardas carcerários, definidos

---

[24] A Schutzstaffel (em português "Tropa de Proteção"), abreviada como SS, foi uma organização paramilitar ligada ao partido nazista e a Adolf Hitler. Seu lema era "Meine Ehre heißt Treue" ("Minha honra chama-se lealdade"). Inicialmente, era uma pequena unidade paramilitar, posteriormente agregou quase um milhão de homens e conseguiu exercer grande influência política no Terceiro Reich. Construída sobre a ideologia nazista, a SS, sob o comando de Heinrich Himmler, foi responsável por muitos dos crimes contra a humanidade perpetrados pelos nazistas durante a Segunda Guerra Mundial. (N.T.)

por Schlabrendorff: “nem sempre plenos de humanidade”. Não somente. Embora no horror dessa duríssima prisão, tem a nítida sensação de sentir-se circundado e protegido por invisíveis potências benignas. Alguns dias antes tinham sido presos também Klaus Bonhoeffer, seu irmão, e Rüdiger Schleicher. Dietrich foi isolado do mundo externo, com a proibição de receber correspondência e visitas. A ele e aos outros prisioneiros permanece um resíduo fugaz de esperança de poder sobreviver unicamente no caso de que a guerra acabe cedo e o regime desmorone rapidamente. Consegue ainda fazer sair da prisão três cartas, uma das quais para a sua Maria, em 19 de dezembro, juntamente com a esplêndida poesia *Von guten Mächten.*

Por potências benignas, maravilhosamente socorridas,
esperamos consolados todo futuro evento.
Deus está conosco à noite e pela manhã
e sem falhar, em cada novo dia.[25]

No fim daquele terrível 1944, apesar de tudo, Dietrich demonstra estar ainda confiante no futuro, enquanto possível. Não é estranha a essa atitude, talvez, o fato de que, em lugar alto, ao menos no momento – com lógica absurda, se não desconcertante, e totalmente contraditória, devido ao arrogante comportamento tido por muitos anos – alguém pensa que agora se deva chegar a um compromisso com os Aliados, para evitar pelo menos a catástrofe final e a carni-

[25] BETHGE, E. *Dietrich Bonhoeffer*, p. 516.

ficina total do país. Por algum tempo, parece que o próprio Ministro do Exterior, Joachim von Ribbentrop, o chefe da SS, Heinrich Himmler, e até mesmo o responsável dos serviços de segurança do Reich, Ernst Kaltenbrunner, avaliam com interesse os contatos externos tidos pelos homens da *Abwehr*.

São as semanas nas quais, por exemplo, na Itália, o responsável da SS, o coronel Karl Wolff, está contatando Allen Dulles, representante dos serviços secretos americanos da O.S.S. (*Office of Strategic Services*) na Europa, para chegar à digna e esperada paz.

Sabemos, porém, como, no fim, no Terceiro Reich prevalecerão as posições mais extremistas e que o regime agora agonizante, em um extremo suspiro violento, se prepara para a vingança final contra os inimigos internos e traidores. Dietrich é submetido a contínuos, prementes e brutais interrogatórios e, em 7 de fevereiro de 1945, depois de um pesadíssimo bombardeio que destrói a sede da Gestapo, é deportado para o campo de Buchenwald, o *Bosque de Faias*, próximo da cidade de Weimar, onde fica por dois meses. A sua cela, situada nos subterrâneos do quartel de um regimento da *Waffen-SS* – isto é das SS combatentes –, não se encontra dentro do campo de concentração, no qual encontraram a morte dezenas de milhares de prisioneiros, entre os quais também Mafalda de Savoia, filha do rei da Itália, casada com o príncipe alemão Filipe d'Assia-Kassel ou Filipe von Hessen-Kassel und Hessen-Rumpenheim. A princesa – além das responsabilidades do pai Vittorio Emmanuele III, autor, com os seus generais criminosos, da ignominiosa fuga para Brindise, em 8 de setembro de 1943 – outra culpa não tinha senão a de ser italiana.

Bonhoeffer transcorre as últimas semanas de vida com o general Friedrich von Rabenau – com o qual, segundo alguns, parece que teve vivazes discussões teológicas e também jogou xadrez – e o capitão Ludwig Gehre, ambos acusados de ter participado da conspiração para o assassinato do ditador. Nas celas vizinhas estão detidas outras quinze pessoas que podem caminhar nos corredores contíguos e, então, conseguem se falar. Entre eles está também o capitão inglês, Sigismund Payne Best, protagonista de um trágico e absurdo evento de espionagem na localidade holandesa de Venlo e que dará testemunho da grande força moral de Bonhoeffer, especialmente narrará ter visto nele um dos homens mais raros cujo Deus era real e próximo dele. Na manhã de 6 de abril, doze dias antes da libertação do campo por parte dos Aliados, Dietrich foi enviado, em um grande ônibus, ao campo de concentração de Flossenbürg.

O ônibus no qual foi trancado, junto com os companheiros de prisão, em um território devastado pela guerra, leva diversas horas para percorrer uma centena de quilômetros e chegar, depois de várias peripécias através de uma floresta, em Schönberg, uma cidade quarenta quilômetros ao norte de Passau.

Os prisioneiros são levados a uma escola onde, no primeiro plano, existe uma grande sala com camas e, talvez, se iludem que, na confusão geral daqueles momentos dramáticos, se teriam esquecido deles. No dia seguinte, porém, são transferidos para Flossenbürg.

Acabado de chegar, durante a noite, Dietrich deve comparecer diante de uma corte marcial, presidida por um oficial das SS. Depois da farsa de um processo, é condenado à morte e executado com o enforcamento, como réu de *alta traição*. No dia anterior, domingo, 8 de abril, antes de ser amarrado nu – como Jesus na cruz – em um gancho de ferro enfiado em uma parede, tinha confiado a um companheiro de prisão uma mensagem destinada ao amigo George Bell, bispo anglicano de Chichester, conhecido em 1933, e que em certo sentido pode ser considerado o seu testamento espiritual: "Dizei-lhe que este é o fim para mim, mas também o início. Junto com ele creio no princípio da nossa fraternidade universal cristã, que se eleva acima de todo interesse nacional e creio que a nossa vitória é certa".[26]

O homem ao qual confia a mensagem para o bispo Bell é Sigismund Payne Best, agente do *Intelligence Service* britânico, do qual falaremos mais adiante. Entre os muitos prisioneiros – que entraram em contato com Bonhoeffer nos últimos tempos –, sobreviveram à catástrofe bélica também o oficial dos Serviços Secretos dinamarqueses Ludwig

---

[26] Ibid., p. 999.

Franz Joergen, o diplomata dinamarquês Jorgen Mogensen e o russo Vasilij Kokorin, sobrinho de Vjaceslav Molotov, Ministro das Relações Exteriores da União Soviética.

No patíbulo, junto a ele, morrem Wilhelm Canaris, Ludwig Gehre, Hans Oster, Karl Sack e Theodor Strünck. Nas mesmas horas, no campo de Sachsenhausen, também Dohnányi é assassinado.

Em 23 de abril – no curso das evacuações das prisões de uma Berlim agora tomada pelas tropas da Armada Vermelha – são fuzilados por homens da Gestapo também o irmão Klaus e o cunhado Rüdiger Schleicher, em uma das últimas vinganças do sanguinário e agonizante regime hitleriano. Cumpre-se assim a tragédia da família Bonhoeffer. O corpo de Dietrich, como aqueles dos outros assassinados, será depois queimado e as cinzas misturadas àquelas de milhares de outras vítimas.

2

Com a oposição militar ao nazismo

Em 31 de dezembro de 1934, o Chanceler do Reich, Adolf Hitler, acolhe a proposta da Marinha alemã de pôr no comando do serviço secreto militar da *Abwehr* o neo-almirante Wilhelm Canaris em substituição ao contra-almirante Conrad Patzig. Canaris – cujo sobrenome parece vagamente helênico – nasce em janeiro de 1887, perto de Dortmund, na Vestfália, e pertence a uma rica família de empresários alto-lombardos de Sala Comacina, que, pelas margens do Lario, tinha emigrado na Alemanha, na segunda metade do século XVI. Participou como agente secreto na Primeira Guerra Mundial e há algum tempo mantém um olhar aberto e agudo para com a realidade cotidiana, mas, sobretudo, detesta especialmente o nazismo e tudo aquilo que sabe de totalitarismo.

Hoje, pode parecer quase inexplicável que um inimigo da ditadura pudesse se tornar chefe dos serviços secretos do exército, mas isso evidencia como, mesmo em um regime autoritário, geram-se às vezes contradições internas e surjam fendas imprevistas. A esse respeito, deve ser sublinhado como, dentro das forças armadas alemãs, os primeiros grupos antinazistas florescem, quase espontaneamente, no verão de 1934, depois do massacre da chamada "Noite das Facas Longas",[1] durante a qual o regime começa a eliminar alguns opositores como o general Kurt von Schleicher e a sua jovem esposa e Ferdinand von Bredow, culpados de terem impedido a ascensão ao poder de Adolf Hitler.

Tais assassinatos provocaram uma primeira ruptura no coração do exército. Ruptura que se acentua com a morte do presidente Paul von Hindenburg, quando Hitler assume os encargos de Chefe de Estado e de Governo, recebendo o título de *Führer und Reichskanzler* (Führer e chanceler do *Reich*). O general Werner von Blomberg, Ministro da Defesa e, sucessivamente, Ministro da Guerra, arquiva o homicídio dos dois colegas como um inevitável delito de Estado contra personagens considerados traidores a pagamento dos franceses e da casa imperial dos Hohenzollern no exílio. Contra Blomberg se alinham, imediatamente, o carismático marechal de campo August von Mackensen, além do general Ludwig Beck e do coronel Hans Oster da *Abwehr*.

---

1 Ou "Noite dos Longos Punhais", que foi um "expurgo" que ocorreu na Alemanha nazista na noite do dia 30 de junho para 1º de julho de 1934, quando a facção de Adolf Hitler, do Partido Nazista, realizou uma série de execuções políticas extrajudiciais, logo após seu líder se tornar chanceler da Alemanha. (N.T.)

Quando Canaris se instala nos escritórios do serviço secreto militar, no palácio da *Abwehr* da Tirpitz Ufer em Berlim, encontra o companheiro ideal para as suas propensões antitotalitárias no coronel Oster, decidido a vingar os amigos assassinados em 30 de junho de 1934.

O primeiro fascículo reservado, submetido à atenção do seu novo superior, refere-se precisamente à trágica morte de von Bredow. Os documentos deixam evidentes a responsabilidade dos líderes nazistas Hermann Goering, Heinrich Himmler e Reinhard Heydrich na supressão brutal de várias centenas de opositores internos e externos do regime.

A justa e desencantadora figura de Oster, filho de um pastor luterano – na qual se fundem, ao mesmo tempo, ironia e seriedade –, marcará fortemente Dietrich Bonhoeffer, quando os dois se encontraram alguns meses depois. Para ele, esse corajoso e respeitável militar prussiano, que há muito tempo se deu conta do báratro mortal e da ignomínia nos quais está precipitando a Alemanha, encarna aspectos significativos e importantes da ideia de responsabilidade: superação do conflito entre deveres públicos e ações pessoais, assunção de culpa e suas consequências.

Dotado de notáveis capacidades de organização, Wilhelm Canaris, dentro de poucos anos, transforma a *Abwehr* da *Wehrmacht* em um dos três aparatos informativos do regime alemão (ao lado dos serviços secretos da polícia política e das SS), dotando-o de uma grande rede internacional com quase dezoito mil agentes e funcionários, aos quais se acrescentam milhares de colaboradores civis: um aparato informativo para o exterior sem precedentes.

Em fevereiro de 1938, muda a denominação oficial da estrutura de *Abwehr* para *Amt Ausland Nachrichten und Abwher* (Escritório de Informação e Defesa para o Exterior). No triênio sucessivo à nomeação de Canaris, Adolf Hitler, além da eliminação de outros opositores, se dedica com grande empenho à conquista do consenso popular, promovendo – com a ajuda interessada dos grandes industriais do Reich e das suas potentes empresas – uma vigorosa retomada econômica do país, com a construção de modernas autoestradas e a realização das Olímpiadas de Berlim de 1936.

Após essa aparente retomada, os opositores deverão esperar o dia 5 de novembro de 1937 para pôr-se novamente em guarda contra o ditador, quando ele convoca os titulares das Forças Armadas e dos Estrangeiros para ilustrar-lhes as suas intenções para breve, médio e longo prazo. O programa é a soma do *espaço vital*, a filosofia segundo a qual a Alemanha deveria recuperar para a pátria os territórios da Áustria, Danzica (atual Gdansk na Polônia) e parte da Boêmia e da Morávia. A quase certa guerra na Europa parece agora às portas, mesmo que o Führer se mostre otimista afirmando que Grã-Bretanha e França, postas diante do fato já realizado, não iriam além dos genéricos protestos diplomáticos (assim como foi para a Anschluss, isto é, a anexação da Áustria). Todas as pessoas consultadas duvidam da viabilidade do plano de Hitler, com exceção do almirante Erich Raeder. Até mesmo o Ministro da Guerra, Werner von Blomberg, não pode fazer mais que criticar tal perigosa aventura com o grande general Wilhelm von Keitel, fidelíssimo ao ditador e a seu consogro.

O general Werner von Fritsch e o Ministro dos Negócios Estrangeiros do Reich, Konstantin von Neurath, colocam imediatamente ciente dos planos hitlerianos Ludwig Beck, histórico chefe do Estado Maior do Exército e homem de grande prestígio que no passado foi solidário com Hans Oster na análise – com relativas conclusões – da trágica morte dos generais Schleider e Bredow. Beck faz de tudo para opor-se a Hitler, mas, sem conseguir e com muita dignidade, pede demissão em 18 de agosto de 1938.

A oposição organizada pelos militares contra o regime – depois de julho de 1944, melhor conhecida como *Schwarze Kapelle* ou Orquestra Negra – encontra em Beck o seu chefe efetivo, o qual permanecerá no cargo até a noite de 20 de junho, dia do fracassado atentado ao Führer, quando será obrigado a um desolador suicídio.

Em 4 de fevereiro de 1938, Hitler dá sinal de uma espécie de golpe de estado no seio das Forças Armadas, autonomeando-se comandante único das mesmas e licenciando, ao mesmo tempo, os ministros desobedientes como o diplomata Konstantin von Neurath, o economista Hjalmar Schacht e todos os funcionários dos vários ministérios não dispostos a partilhar das suas ideias egocêntricas e belicosas.

No nascimento da OKW (*Oberkommando der Wehrmacht*, Comando Supremo das Forças Armadas), uns vinte generais são eliminados dos postos de comando. Noves meses depois, na noite de 9 e 10 de novembro – chamada também *dos cristais* –, o nazismo e o seu Führer mostram mais uma vez o seu verdadeiro aspecto, consumando a alucinante *Pogrom* (devastação) contra os hebreus. Aproveitando o atentado realizado em Paris por um hebreu contra um diplomata alemão, centenas de homens da SS, com roupas civis, para simular uma reação popular, devastam e queimam sinagogas, assassinam dezenas de israelitas, ferem milhares deles e deportam mais de trinta mil para os campos de concentração surgidos há tempos (Dachau tinha sido inaugurado já em 1933; Sachsenhausen em 23 de setembro de 1936; Buchenwald em 15 de julho de 1937; Flossenbürg e Mauthausen, respectivamente em 2 de maio e 5 de outubro do próprio 1938). É destruído um número enorme de negócios hebreus: *os cristais* são, de fato, aqueles das suas vitrines quebradas. As poucas pessoas que protestam – como alguns pastores luteranos – são espancadas e presas, tudo isso em uma espécie de apatia e indiferença geral.

Ao lado das dissidências militares, juntam-se outras, de tipo religioso, da parte do mundo católico. O bispo de Münster, Clemens August von Galen (nomeado cardeal pelo pontífice Pio XII, poucas semanas antes da sua morte, que ocorreu em 22 de março de 1946), distinguiu-se pela sua oposição ao neopaganismo nazista propugnado pelo filósofo Alfred Rosemberg. Protestos que culminaram no verão de 1941 contra a prevista atuação do chamado Projeto T4, programa de *eutanásia* proposto pelo governo para a eliminação dos portadores de deficiências psíquicas e físicas.

O próprio von Galen, em janeiro de 1937, participa com os cardeais Adolf Bertram, Michael von Faulhaber e Karl Joseph Schulte nos trabalhos preparatórios da Encíclica *Mit brennender Sorge* (Com viva ânsia), redigida pelo pontífice Pio XI. A encíclica é, pois, emanada no domingo da Paixão, em 14 de março de 1937, e difundida em toda a Alemanha, não obstante a proibição das autoridades.

O ingresso triunfal dos nazistas em Viena e em toda a Áustria, em 12 de fevereiro de 1938 – com a consequente destituição do chanceler federal austríaco Kurt Alois Schuschnigg, substituído pelo filo-nazista Arthur Seyss-Inquart –, contribuiu para esfriar muito os ardores dos conspiradores antinazistas e, consequentemente, do seu chefe e organizador Canaris. O almirante Canaris e os seus conseguem, nesse meio-tempo, concluir numerosos compromissos nas pessoas de vários generais e graduados do exército, como os condes Helmuth James von Moltke e Peter Yorck von Wartenburg.

A visão de resistência de von Moltke se baseava em motivações de maior alcance, em relação aos homens da *Abwehr*. Nele e nos amigos de *Kreisauer Kreis* ou Círculo de Kreisau (intelectuais antinazistas, entre os quais também alguns jesuítas), para além da desejável eliminação do Führer e do bando dos seus hierarcas, existe a consciência de como seja necessário, se não fundamental, preparar a Alemanha pós-nazista a uma ampla e radical renovação institucional e social.

Um dos últimos recrutas da *Abwher* é Claus Philipp Maria Schenk Graf von Stauffenberg, oficial alemão e coronel das tropas do Eixo, que desenvolveu um papel de grande importância no projeto e na sucessiva execução do atentado de 20 de julho. De presença física notável, com nobres traços no rosto – não obstante a perda do olho esquerdo e da mão direita na guerra –, dotado de vasta cultura e notável inteligência, o conde von Stauffenberg tentará eliminar Hitler antes mesmo da fracassada ocasião pela qual passou para a história e que narraremos em breve.

De fato, convocado precedentemente pelo ditador algumas vezes a *Berghof* (a casa de Hitler), foi até lá levando na bolsa dos documentos duas bombas, mas não conseguirá atuar o próprio intento.

Entretanto, no próprio verão de 1938, a *Schwarze Kapelle* inicia a própria atividade secreta – enviando Edwald von Kleist-Schmenzin a Londres para encontrar o diplomata sir Robert Vansittart, subsecretário do Ministério do Exterior, lorde Lloyd de Dolobran, dos Serviços Secretos, e até Winston Churchill. O Governo britânico mostra não apreciar as propostas dos opositores alemães, enquanto, em troca da cabeça de Hitler, pedem à Alemanha um rico pacote de concessões. Contudo, uma possível intervenção nesse sentido e um fim antecipado do conflito teriam certamente economizado centenas de milhares, talvez também alguns milhões de vidas humanas. Uma explicação de tal atitude poderia estar ligada a um episódio de novembro de 1939, quando França e Holanda não tinham sido ainda invadidas. Dois agentes do Reino Unido, Sigismund Payne Best (será a última pessoa com a qual teria falado Dietrich Bonhoeffer, antes do seu sacrifício) e Richard Henry Stevens, são contatados por homens da Resistência alemã no centro holandês de Venlo, assaz próximo da fronteira alemã, quase diante da histórica cidadezinha de Kempen, na Renânia Setentrional. Infelizmente, trata-se de uma emboscada, porque os espiões ingleses são capturados pela Gestapo e levados forçadamente para território alemão e torturados. Sob tortura, revelam os nomes e contatos de todos os seus colegas em missão no continente e, em pouco tempo, os grupos dos serviços secretos ingleses são dizimados.

Para Churchill é um golpe duríssimo. E isso poderia explicar por que, a partir daquele momento, desconfiará sempre dos projetos e vozes de complô contra Hitler; rejeitará toda forma de envolvimento e será, contudo, intransigente ao pedir a rendição incondicional da Alemanha. No início do conflito mundial, em setembro de 1939, põe ainda em crise alguns setores militares. O general Johannes Blaskowitz, comandante alemão da frente polonesa, está indignado pelas repetidas atrocidades efetuadas pelos *Einsatzgruppen* (tropas especiais de combate compostas por homens das SS e da polícia que, em alguns casos, envolvem também homens do exército regular da *Wehrmacht*) e dirige ao Führer um protesto vibrante em resposta. Foi imediatamente transferido para a frente ocidental. No mês de maio de 1940, a Alemanha invade a França com a violação das neutralidades da Bélgica, dos Países Baixos e de Luxemburgo. Quando, algumas semanas mais tarde, na metade de junho de 1940, o chanceler do Reich visitará Paris triunfante, há pouco conquistada pelas suas tropas, dentro do séquito de seus muitos generais está também, com a morte no coração, Wilhelm Canaris. As fulgurantes vitórias de Hitler e das suas armadas nos primeiros anos de guerra o obrigam inevitavelmente, com os seus homens, à inatividade forçada.

Foi assaz criticada, no decurso do tempo, a atitude do marechal Canaris, considerado por muitos históricos, além das embora louváveis intenções, uma trágica inconclusa, vacilante e figura hamlética,[2] mesmo que, objetivamente, não fosse fácil para ele gerenciar as suas finalidades antigoverna-

---

[2] MANVELL, R.; FRANKEL, H. *Canaris*. Longanesi, Milão, 1971.

tivas, sem dar muito na vista aos nazistas que, não confiando muito nele – já em março de 1944 e por toda uma série de indícios aflorados nos anos precedentes –, retiram-lhe o encargo da *Abwehr*. Obrigam-no, em um primeiro momento, à prisão domiciliar no castelo fortaleza de Lauenstein, na Baviera, estrutura habilmente construída pelo almirante.

Paradoxalmente, a única missão de certa relevância da *Schwarze Kapelle* é exatamente realizada por um não militar como Dietrich Bonhoeffer que, após o retorno dos Estados Unidos, em 1939, como já dissemos, consegue entrar na *Abwehr*, graças aos cunhados Hans von Dohnányi e Rüdiger Schleicher, com os quais tem uma relação fraterna, bem além dos normais vínculos de parentela. O berlinense Dohnányi provém de uma família de intelectuais. Jurista de formação, desde 1934, quando foi assistente do Ministro da Guerra, inicia a depositar documentos sobre os crimes nazistas em uma segura base militar fora de Berlim. Mesmo que tardiamente, em 2003, o memorial do *Yad Vashem* (Ente Nacional para a Memória da *Shoah*), de Jerusalém, o distinguiu com a honorificência de *Justo entre as Nações*.

Schleicher, nativo de Stuttgart, doutorado em lei com uma tese sobre a navegação aérea, é diretor de um instituto para as leis aéreas dos voos, junto de cuja sede, já a partir de 1939, se efetuam reuniões de opositores do regime. Em junho de 1942, em Sigtuna, próximo de Estocolmo, Bonhoeffer encontra o bispo anglicano de Chichester, George

Bell. A finalidade principal da reunião deles é explicar em Londres que a Resistência alemã encontrou espaço, além de em alguns ambientes católicos, também dentro das igrejas protestantes. No mês sucessivo, com decepção, o bispo Bell, que é membro da Câmara dos Lordes, transmite a usual resposta negativa do Governo britânico (não somente do premier Winston Churchill, mas também do Ministro do Exterior Anthony Eden) para tudo aquilo que foi proposto pelos ambientes alemães.

Muito tempo depois, no fim do mês de junho de 1944, Churchill toma uma iniciativa inesperada, exatamente quando os objetivos do desembarque, de 6 de junho, na Normandia, estão muito longe de ser realizados e os contrastes explosivos nos altos comandos Aliados fazem temer uma possível derrota, no caso de que Hitler decidisse uma contraofensiva vigorosa. Enquanto a incapacidade dos Aliados de sair da cabeça da ponte na Normandia está alcançando proporções absurdas e dramáticas, o governo de Sua Majestade muda de atitude. Na Câmara dos Comuns, na verdade, Churchill pela primeira vez reconhece a existência da *Schwarze Kapelle* e encoraja os conspiradores à revolta.

Algumas semanas depois, aqueles mesmos conspiradores – embora com o marechal Canaris obrigado à prisão domiciliar em um castelo da Baviera – tentam concretizar o gesto decisivo para eliminar o ditador e fazer finalmente acabar com a sua guerra absurda e cruel. É a décima quinta tentativa de realizar o chamado *plano Walchüre*, todos os precedentes fracassaram. Ele prevê, depois da morte do tirano e da prisão do temível Ministro da Propaganda, Joseph Goebbels, a imediata ocupação da capital do Reich por parte das tropas territoriais que devem assaltar e ocupar rádio, telefones, telégrafos, ministérios e comandos da SS, e no espaço de 24 horas formar um novo governo provisório.

É preciso dizer que a decisão dos conspiradores foi coroada pelo sucesso, o destino do Terceiro Reich seria já decretado por Roosevelt, Stalin e Churchill em Teerã em dezembro de 1943. Nesse vértice é exatamente confirmado o princípio aprovado na Casablanca, em janeiro do mesmo ano, sobre a rendição incondicionada dos Países do Eixo. Os acontecimentos são relativamente conhecidos.

Na manhã de 20 de julho de 1944, por volta das sete horas, o coronel Claus von Stauffenberg, oficiosamente chefe de Estado Maior da *Schwarze Kapelle*, parte no avião da base de Rangsdorf, próxima a Berlim, acompanhado pelo próprio ajudante Werner von Haeften, direto para Rastenburg, na Prússia Oriental, porque é convocado a relatar, no Quartel Geral da OKW, na qualidade de chefe do Estado Maior do general Fromm, que em Berlim comanda a armada territorial.

Cada um dos dois leva uma bomba na própria bolsa. De acordo com o plano previsto, seria explodida à uma da tarde, no cume da reunião convocada por Hitler. Em vez disso –

porque na espera de uma visita do aliado Benito Mussolini –, o Führer antecipa em trinta minutos a relação e, a esse contratempo se acrescenta outro mais grave. A reunião, por causa do calor do verão, seria realizada em uma barraca de madeira, quase ao aberto, e não na costumeira sala subterrânea, onde a explosão de um dispositivo teria consequências muito mais devastadoras.

O coronel, separando-se com um pretexto, consegue, com uma pinça, romper a capsula do ácido que faria explodir a bomba contida na sua bolsa; depois, entra na sala, onde Hitler, rodeando por uns vinte homens, está consultando os mapas postos diante dele.

Stauffenberg coloca com calma a bomba sob a mesa, apoiando-a em um cavalete e, depois, sai, com a desculpa de ter que telefonar urgentemente para Berlim. Enquanto o "homem-bomba" deixa a sala, o coronel Heinz Brandt, sentado próximo do ditador, aborrecido pelo contato com os seus pés, move mecanicamente a pasta de Stauffenberg para o lado oposto.

As 12h42 o disposto explode.

Stauffenberg vê voar pelos ares a barraca da *Wolfsschanze*, a chamada *cova do lobo*, e, convicto de ter conseguido o seu intento, chega a toda velocidade ao vizinho aeroporto, superando os controles de três postos de bloqueio, com a ajuda de outros conspiradores aninhados no quartel geral.[3] Chegado a Berlim às 16h15, no edifício do antigo Ministé-

[3] MAYDA, G. Salta in aria la tana del lupo. *Storia Illustrata* 196 (1974).

rio da Guerra da *Blenderstrasse*, infelizmente toma conhecimento imediatamente de que Hitler está ainda vivo.

De fato, saiu são e salvo da explosão, embora com alguns arranhões, o braço direito paralisado e as calças novas em farrapos. Grande é o choque do ditador e da sua comitiva, absolutamente seguros do fato de que em seu país não pudesse jamais acontecer aquilo que se verificou na Itália um ano antes. Assim tinha, de fato, declarado a seu tempo o Führer:

> Quem espera encontrar traidores entre nós, ignora completamente o caráter do Estado nacional-socialista; quem crê poder provocar um 25 de julho na Alemanha dá prova de não conhecer nem a minha posição pessoal, nem a atitude dos meus colaboradores políticos, dos meus marechais de campo, almirantes e generais.

A bomba mata quatro homens e fere gravemente outros dois, mas um Hitler, ainda mais exacerbado e decidido a dar agora início à *guerra total* contra tudo e todos, na mesma tarde consegue retomar nas mãos a situação. Confia ao Ministro da Propaganda, Joseph Goebbels, o mais fanático dos seus fiéis, plenos poderes de reestabelecer a ordem.

Já às 16h30, Heinrich Himmler parte de Rastemburg com o empenho taxativo de suprimir a revolta e, por volta da 18h, a *Deutschlandesender*, a mais potente estação de rádio alemã, transmite a notícia de que Hitler escapou ao atentado.

Julgados no campo de uma misteriosa Corte Marcial, como um raio, o machado do carrasco se abate sobre von Stauffenberg, Haeften e o coronel do Estado Maior Mertz von Quirnheim, que são imediatamente fuzilados no pátio do Ministério da Guerra, à luz do farol de um automóvel militar. À volta de meia-noite, chegam na capital Ernst Kaltenbrunner, chefe dos serviços de segurança do Reich, e Otto Skorzeny, o homem que liberou Mussolini ao Gran Sasso, e ordenam suspender as execuções sumárias. Para o momento, Hitler e Himmler querem os conspiradores vivos.

Ao amanhecer do dia seguinte, a Gestapo faz então uma primeira ronda, iniciando pelos expoentes da *Abwehr* ainda livres – Canaris e Oster já estão em prisões domiciliares há alguns meses –, para estender, pois, as capturas aos outros. No próprio dia 21 de julho, no escritório central para a segurança do Terceiro Reich foi instituída uma comissão especial formada por quatrocentos membros da Gestapo e da polícia criminal, subdividida em onze grupos de investigação. Ela desencadeia uma louca onda de prisões. Foi aprisionado, entre os outros, também Alfred Delp, jesuíta alemão, que toma parte na resistência contra o regime nazista e que será depois morto em 2 de fevereiro de 1945 com a justiça militar praticamente deposta, enquanto tudo está nas mãos da SS.

A grande estrutura da *Abwehr* é imediatamente dissolvida.

Em 7 de agosto, no Palácio de Justiça de Berlim – em um carro decorado com bustos de Hitler e de Frederico, o Grande, e por grandes bandeiras com a suástica, na presença de algumas centenas de expectadores privilegiados – uma dezena de imputados são condenados à morte, depois de serem degradados e obrigados a apresentar-se aos juízes com roupas civis, sem cintos e suspensórios, de modo a serem obrigados a sustentar as calças para não ficarem só de cuecas. No dia seguinte, no vizinho cárcere de Plötzensee, por específica ordem de Hitler, são enforcados em um gancho como animais abatidos. Entretanto, em um ângulo da sala, um operador filma a cena macabra das execuções, que depois será projetada ao ditador e aos seus fiéis. Entre os convidados à assustadora visão está também Albert Speer, Ministro para os Armamentos e Produção Bélica; um dos poucos chefes nazistas que, depois da guerra, no processo de Nuremberg e além, se demonstrará sinceramente arrependido pelas loucuras perversas do regime e provará um sentido de vergonha por ter feito parte do Governo.

No seu livro autobiográfico, *Memórias do Terceiro Reich*, deixou escrito que se poupou ao espetáculo com uma desculpa, recordando como muitos, em vez disso, foram apreciar os noticiários especiais... Embora ridicularizados e escarnecidos por seus ásperos e vulgares juízes, Witzleben, Open, Stieff, Bernardis, Hagel, Kluasing, Wartenburg, fornecem um exemplo significativo de dignidade e orgulho. Entre os assassinados de 8 de agosto, também está o general Paul von Hase, primo da mãe de Dietrich e governador militar da capital do Reich, que tinha apoiado os conspiradores e, no passado, tinha sido assaz crítico contra os generais belicistas da OKW, Wilhelm Keitel e Alfred Jodl; dele, o pastor das prisões, Harald Poclchau, em um volume de memórias, recordará mais tarde a coragem com a qual se tinha dirigido ao cadafalso.

Precedentemente, vários homens da *Abwehr*, Canaris, Oster, Schleicher (Dohnányi e Bonhoeffer já estão na prisão desde abril de 1943), tinham sido momentaneamente levados à prisão, mas não haviam sido imediatamente eliminados, isto para poder arrancar deles confissões articuladas e ter todos os nomes dos conspiradores. Para cada um deles, porém, pouco tempo antes do fim do Terceiro Reich, desencadeia-se a feroz e sádica vingança do regime: em 9 de abril de 1945, depois da farsa de um breve processo, no campo de Flossenbürg (que será liberado apenas dois dias depois pelos exércitos aliados), por precisa vontade de Hitler, eles são mortos de modo brutal e cruel. Relativamente a tal evento, em 1955, o médico de campo Hermann Fischer-Hullstrung deu um testemunho segundo o qual a morte deles teria ocorrido no espaço de poucos segundos.

Porém, sabemos, quase seguramente, que, com tal declaração dúbia, o médico buscou encobrir as próprias responsabilidades, porque, na realidade – segundo quanto afirmado pelo diplomata dinamarquês Jorgen Mogensen presente no campo –, todos eles foram lentamente estrangulados por uma corda que descia por um gancho de ferro preso a uma parede. Depois da trágica data de 9 de abril, ainda por pelo menos umas duas semanas, continua a matança contra os rebeldes por parte dos nazistas mais ferozes. Antes de acabar em sangue, os chefes daquilo que deveria ser o *Reich do milênio* querem levar a termo a sua vingança, e muitas vezes ter sucesso em um sombrio e dramático *culpio dissolvi* (desejo de morrer) sem sentido. Entre as várias vítimas da repressão, ao marechal de campo Erwin Rommel – autor de gestos legendários nas fileiras do exército alemão –, no dia 14 de outubro seguinte ao atentado, tinha sido imposto o suicídio com uma dose letal de cianureto, pela considerada excessiva contiguidade com a Orquestra Negra. O número exato dos executados pelo fracassado atentado é incerto.

Considera-se, além disso, que tenham pagado imediatamente com a vida, as consequências diretas de 20 de julho, com o fracassado atentado a Hitler, pelo menos cento e cinquenta pessoas e, no breve espaço de uns dois meses, mais de quatro mil, entre os quais, mais de dois mil oficiais e muitos civis, funcionários, profissionais e dirigentes (mas as vítimas globais entre os opositores do nazismo – que, somente em doze anos, havia promulgado, oficialmente, através dos tribunais, dezessete mil condenações à morte – foram mais de cem mil, suicídios incluídos...). Por décadas essas vítimas foram comemoradas com uma cerimônia que acontece em Berlim, na capela de Maria Rainha dos Mártires, erigida na área na qual surgia a catedral da carnificina, o presídio de Plötzensee.

Do rito tomavam parte os poucos sobreviventes que escaparam da represália hitleriana, alguns familiares dos caídos e os representantes políticos locais, mas não participou jamais o verdadeiro coração do povo alemão porque, com o passar dos anos, se tornou opinião comum que a Resistência alemã tenha tido uma importância menor em relação àquela dos movimentos similares dos países ocupados pelos alemães. Depois da rendição incondicionada de maio de 1945, os Aliados não tiveram mais interesse algum em publicar informações sobre os alemães politicamente diversos e deram instruções à imprensa a fim de que fossem deixadas de fora pesquisas sobre tais argumentos, enquanto os documentos encontrados a esse propósito fossem apreendidos.

Nas escolas alemãs jamais foi estudada a fundo e com a devida convicção a atividade daqueles grupos que tentaram eliminar Hitler, mesmo à custa de desperdiçar a vida. Não somente. Na República Federal Alemã, por muito tempo, os conspiradores foram considerados pelos cristãos-democratas como *traidores da nação* e, por alguns sociais-democratas, até mesmo somente como nazistas tardiamente arrependidos.

Na metade dos anos cinquenta, incrivelmente, um tribunal da Alemanha Ocidental (muitos juízes, em função nos anos obscuros da ditatura, puderam continuar a exercer suas funções sem problemas) absolve de toda culpa o alto oficial das SS, Otto Thorbeck, presidente do Tribunal de Guerra de Flossenbürg, que tinha condenado à morte Bonhoeffer e os outros expoentes da Resistência na noite entre 8 e 9 de abril de 1945. Sempre no mesmo período, o chanceler Konrad Adenauer impede Erick Kordt de assumir um encargo diplomático na República Federal: a sua gravíssima culpa tinha sido aquela de ter participado do complô contra o Führer... Em 1956, o agente do Ministério Público daquele processo, Walter Huppenkothen, foi condenado a seis anos de prisão, mas, na ocasião, a Corte de Justiça Federal afirma que a operação dos conspiradores foi assemelhada à alta traição, ao menos segundo as leis então em vigor, de "indiscutível valor jurídico", julgando, assim, com lógica verdadeiramente grotesca e inefável, como se aquelas condenações à morte fossem fundadas juridicamente.

Somente no verão de 1996, um tribunal de Berlim, sob solicitação de uma ação judiciária posta em ato por um grupo de estudantes de Hannover e da Baixa Saxônia, decide anular o julgamento de Flossenbürg. Os descendentes de alguns opositores tiveram algum papel político após a guerra. Karl Ludwig von Stauffenberg, filho do coronel, foi um deputado católico bávaro, e Klaus von Dohnányi um social-democrata hamburguense. Junto a Manfred Rommel, filho do popular marechal de campo, sempre revelaram como tinha sido difícil explicar o drama humano dos oficiais alemães que, forçando a sua rígida mentalidade militar, estavam dispostos a violar o juramento de fidelidade, para colocar fim a uma guerra privada de sentido e um regime desumano.

Em 1999, após a reunificação das duas Alemanhas, a rua de Berlim Bendlerstrasse, onde Stauffenberg tinha sido fuzilado na tarde de 20 de julho de 1944, foi rebatizada como Stauffenbergerstrasse, e algumas centenas de ruas, ou praças alemãs, recordam hoje os conspiradores anti-hitlerianos. Em 2008 o filme *Operação Valquíria*, dirigido por Bryan Singer, com Tom Cruise no papel do coronel Stauffenberg, recordou ao grande público esses eventos. Mesmo que, em um certo sentido, tenham sido reabilitados diante dos seus conterrâneos, sobre quase todos eles há tempos tinha caído o silêncio.

Somente Dietrich Bonhoeffer, então conhecido no território alemão no âmbito da Igreja Confessional luterana, mas pouco conhecido em nível de protestantismo europeu, em vez disso, se tornou no tempo modelo para muitos cristãos do mundo inteiro. A sua reabilitação na pátria foi problemática e não breve. Bonhoeffer, como *traidor da pátria*, foi por muito tempo ignorado e esquecido, se não removido do inconsciente coletivo nacional alemão. Embora o renascimento do interesse – que, a partir dos anos 1970, além de no mundo, pouco a pouco se verificou também na Alemanha – por sua especial personalidade e por seu itinerário espiritual e intelectual ateste claramente a atualidade do seu pensamento e do seu irrepetível empenho de cristão e de cidadão.

3

Uma comovente história de amor

Dietrich Bonhoeffer, por longos anos, jamais pensou na possibilidade do matrimônio e em construir para si uma família. Na metade dos anos 1930, renunciando a cultivar e aprofundar uma relação de forte sintonia, que então o liga a uma colega pastora, considera, em vez disso, que a escolha do celibato lhe possa fornecer, em tempos tão difíceis, maior liberdade interior e exterior para um testemunho o mais coerente possível.

A sua missão específica e as dramáticas condições políticas da Alemanha durante o Terceiro Reich o dissuadiram de tal passo, também para não expor a riscos notáveis os futuros familiares.

Todavia, com Maria von Wedemeyer, além de uma aventura espiritual fora do comum, vive uma comovente e trágica história de amor.

Nascida em 1924, terceira de sete irmãos, a jovem cresce no ambiente da nobreza da terra alemã, na propriedade de

Pätzig, distrito de Könisberg na Neumark ou Brandeburgo oriental: o lugar não é longe da cidade polonesa de Chojna, a uns cem quilômetros ao norte de Berlim.

A avó, Ruth-Alice von Kleist-Retzow, foi por longo tempo muito empenhada e ativa na Igreja Confessional. Nascida em Grossenborau na Silésia, em 1867, e crescida no palácio do pai, que era governador em Oppeln (hoje Opole, na Polônia), Ruth-Alice permanece viúva e sozinha aos vinte e nove anos com cinco filhos. Mulher dotada de temperamento forte, uma personagem verdadeiramente singular, defensora de Karl Barth e da sua teologia.

Nutre grande veneração e respeito por Dietrich Bonhoeffer e considera o tempo que transcorre junto com ele o momento culminante e mais significativo da sua vida.

É exatamente em sua casa na Pomerânia que, em junho de 1942, poucos dias depois do retorno da sua missão na Suécia por conta da *Abwehr*, Dietrich e Maria se encontram.

O pastor conhece bem essa casa porque ali já esteve hospedado algumas semanas, em dezembro de 1941, para poder se recuperar de uma infecção pulmonar.

Ele tem trinta e seis anos e ela há pouco completou dezoito.

Ruth-Alice von Wedemeyer, irmã de Maria, casada com von Bismarck, no volume por ela organizado com Ulrich Kabitz, *Cartas à noiva. Cela 92 (1943-1945)*, publicado na Itália pela Queriniana (as cartas citadas neste capítulo são todas retiradas desse livro), narrou como, vários anos depois dos acontecimentos, a irmã recordaria o primeiro encontro entre eles.

Enquanto era hóspede da avó, chega em visita o *famoso pastor Bonhoeffer*, que, ao menos inicialmente, parece ser indesejado. Pois, entre eles três, nasce uma espécie de cumplicidade.

No espaço de poucas semanas, o pai e o irmão mais velho de Maria morrem na frente russa: o primeiro de nome Hans (tinha sido amigo íntimo e companheiro de armas do chanceler do Reich Franz von Papen, católico moderado), capitão de cavalaria, cai na batalha de 22 de agosto perto de Stalingrado, e o segundo, Max, morre em 26 de outubro.

Dietrich foi de grande ajuda e apoio para a jovem desolada e, brevemente, os dois se enamoram e o amor entre ele se reforça no decurso de poucos meses.

Enquanto a avó está feliz e alegre com essa relação, embora tema que a neta – por ela às vezes definida afetuosamente como *bruxinha* – não esteja à altura do teólogo, a mãe de Maria, com a finalidade de proteger a filha, impõe-lhes um período de espera de ao menos um ano, antes que se possam encontrar novamente. Talvez, não sem razão, julga Maria muito jovem, e o pastor Bonhoeffer em perigo pela sua atividade na Resistência, que ela intui, sem conhecê-la completamente. Parece-lhe grande a lacuna de idade entre os dois e a diferença das suas experiências pessoais.

Em novembro de 1942, em uma conversa que aconteceu na casa dos Wedemeyer, por vontade da senhora Ruth, Dietrich aceita o período de espera de um ano com a cessação de toda relação, até mesmo epistolar, e informa isso a Eberhard Bethge, descrevendo-lhe em uma missiva a sua visita na Pomerânia.

No princípio de janeiro do novo ano, na prospectiva quase imediata de iniciar um curso de enfermagem no hospital *Clementinehaus*, da Cruz Vermelha de Hannover, a jovem, contudo, comunica à mãe a sua decisão irrevogável de casar-se com Dietrich.

Apoiada por parentes mais próximos a fim de que seja, além disso, respeitado o período de espera combinado, a mãe lhe consente, porém, escrever uma carta a Dietrich em 13 de janeiro de 1943, três meses antes da sua prisão. Maria, talvez em razão de a mãe ler o texto, chama Dietrich de *senhor*, quando escreve, e parece comedida nas expressões, mas está bem consciente dos seus sentimentos e de que como estes não devam ser expostos a condicionamentos externos e avaliações enganadoras.

Ao mesmo tempo, sente a inadequação total das palavras para exprimir o seu profundo sentimento pelo teólogo e, em todo caso, pede para ser amada somente por aquilo que simplesmente é.

Esta carta foi considerada por ambos o momento oficial do noivado entre eles.

Caro pastor Bonhoeffer!
(...) É-me difícil agora dever dizer-lhe por escrito aquilo que mal se consegue dizer pessoalmente. Gostaria de rejeitar toda palavra que será dita, porque na sua deselegância afronta duramente coisas que gostaria que fossem ditas em voz baixa. Mas porque descobri que o senhor me entende tão bem, tenho a coragem de escrever-lhe esta carta (...).
Hoje posso dizer-lhe um sim que vem com alegria de todo o meu coração.
Peço que compreenda minha mãe, se não quer revogar o período de espera que nos foi imposto. Dado os precedentes, não pode ainda acreditar que a nossa decisão possa ser duradoura.
E também eu estou sempre perturbada no pensamento de que a vovó tenha dito ao senhor somente coisas bonitas de mim, de modo que o senhor terá de mim uma imagem errada.
Talvez tivesse que lhe contar muitas coisas feias a meu respeito, porque a ideia de que eu possa agradá-lo diferente de como eu sou, me deixa infeliz. Mas, que eu possa agradá-lo como verdadeiramente sou, isso não posso acreditar. Não quero certamente lhe dar desprazer, mas o devo embora dizer.
Se entendeu que eu não estou à altura ou que não sente mais necessidade de vir até mim, peço ao senhor para me dizer. Agora estou ainda no tempo de pedi-lo; e como será mais difícil, se fosse saber mais tarde! (...). Estas são coisas somente *nossas*, não pertencem a nenhum outro, não é verdade? Pode escutar este meu pedido? Desejo agradecer ao senhor de coração por aquilo que fez por mim neste tempo. Posso somente imaginar quanto tenha sido pesada, porque também eu, muitas vezes, suportei-me com dificuldade.

Tua Maria.[1]

---

[1] BONHOEFFER, D.; WEDEMEYER, M. Von. *Lettere alla fidanzata. Cella 92 (1943-1945)*. Organizado por R. A. von Bismarck e U. Kabitz. 2. ed. Queriniana, Brescia, 2012, p. 258.

Dietrich está, em certo sentido, surpreendido e pesaroso pela carta também porque, precedentemente, se tinha dado conta de quanto teria sido arriscado revelar os seus sentimentos à moça tão mais jovem que ele. Ao mesmo tempo, entende como a disponibilidade de Maria possa verdadeiramente dar um sentido novo à sua vida e mudar profundamente a existência de ambos.

Desse modo, quase imediatamente, embora com alguma tímida incerteza, não sendo certamente acostumado a correspondências sentimentais, lhe responde no domingo, 17 de janeiro:

> Cara Maria
>
> A carta durou quatro dias para chegar aqui, apenas há uma hora atrás!
>
> Dentro de uma hora o correio parte novamente, e com ele deve partir ao menos uma primeira saudação e uma agradecimento, mesmo que agora seja difícil encontrar as palavras que gostaria.
>
> Posso falar simplesmente assim como sinto no coração?
>
> Entendo e estou dominado pela consciência de que recebi um presente sem igual, depois de toda a confusão das últimas semanas não tinha mais ousado esperá-lo, e agora esta coisa incrivelmente grande e alegre está aqui, e o coração se abre e se enche e transborda de gratidão (...) e não consigo dar-me conta deste *sim* que decidirá toda a nossa vida.
>
> Se somente pudéssemos agora falar pessoalmente, existiria assim infinitamente muito a dizer (...).

> (...) cara, Maria, agradeço-te pela tua palavra, por tudo aquilo que passaste por mim e por isto que és e queres ser para mim. Agora podemos ser e nos tornar com alegria um ao lado do outro.
>
> (...) Não me fale *da imagem errada* que poderei ter de ti. Não quero uma imagem, quero a ti, assim como te peço de todo o coração para não querer uma imagem de mim, mas a mim, e dever saber que são duas coisas diversas.[2]

Inicia-se, assim, essa anômala, apaixonada e comovente, embora trágica, história de amor.

Por um período de nem sequer três meses, trocam telefonemas e algumas cartas, algumas das quais não são sequer expedidas pela jovem, mas somente escritas e registradas em seu diário. Depois da prisão de Dietrich, em 5 de abril, os dois se verão e se encontrarão, pois, no parlatório da prisão de Tegel – diante da incômoda, se não embaraçosa presença de outra pessoa –, mais do que eles jamais se tinham visto em liberdade.

O relacionamento entre os dois, que não pode exprimir-se de outro modo senão através das grades de uma prisão, aguça a já elevada sensibilidade deles, reforça a sua fé e a sua esperança de um modo diverso. Na prática, é uma relação estranha e verdadeiramente fora do comum.

Conseguem dar o primeiro beijo somente na prisão de Tegel, sob os olhos do procurador do Tribunal, Roeder, que

---

[2] Ibid., p. 258.

não avisa Bonhoeffer da visita de Maria, senão no último instante, na esperança de que a surpresa, a tensão e a emotividade do momento lhe façam dar algum passo em falso.

No fim da visita, Dietrich – que embora se tenha emocionado muito e ficado provado pelo inesperado encontro – é guiado para uma porta que o reconduz à prisão, enquanto Maria é escoltada por carcereiros até a porta de saída.

De repente, a jovem, escapando dos acompanhadores, rapidamente, retorna e corre para abraçar com ímpeto o pastor, na total surpresa dos guardas e do procurador.

A primeira carta da jovem, depois da prisão, é de 7 de maio, enquanto Dietrich pode enviar-lhe uma mensagem somente em 30 de julho, imediatamente depois do encontro deles na prisão.

Precedentemente, por algumas semanas, Maria devia contentar-se em esperar que da *casa Bonhoeffer* chegasse um extrato das cartas enviadas por Dietrich aos pais, com a reprodução das linhas a ela endereçadas ou nas quais, contudo, falasse dela.

Tudo isso porque as missivas que chegam da prisão são submetidas à censura.

A relação epistolar entre os dois poderia parecer verdadeiramente desproporcionada.

De um lado, existe um homem de trinta e seis anos que viveu momentos intensos e dramáticos, que fez escolhas existenciais desafiadoras e que é um protagonista da pesquisa religiosa e do debate teológico na Alemanha. Dietrich viajou distante e largamente, dispondo de opiniões e convicções bem precisas, sobre as quais refletiu e meditou longamente. Baseado nelas tomou posições, questionando, em várias ocasiões, a própria consciência, em relação à política e à lei do seu país, fazendo também parte de uma organização secreta que mira abater – e não é algo a se desconsiderar – a ditadura de Hitler.

De outro, existe uma jovem inteligente e volitiva, com dezenove anos, que cresceu na sociedade um pouco estreita da nobreza agrária da Pomerânia, que não tem um particular conhecimento da vida nem viveu experiências fora do comum, não tendo quase nunca se afastado do ambiente nativo. A sua grande e aristocrática família está empenhada em um processo de renovação da Igreja protestante e também na sua formação em colégios privados até o final do curso secundário. Ela teve sempre como elemento apoiador a fé evangélica.

Ao mesmo tempo, a amiga de coração Doris Fahle, uma jovem originária do Báltico, dirá dela: "Maria está aberta ao novo e ao desconhecido"; além disso, como é normal que seja na sua idade, ama também andar a cavalo, mergulhar-se na natureza, brincar, dançar e divertir-se.

Assim, em uma carta de aniversário, Dietrich, consciente de quanto tenham sido diferentes para ele os anos da juventude, talvez também com algum legítimo pesar, lhe escrevera:

> Amantíssima Maria!
> (...) Completas vinte anos! Envergonho-me verdadeiramente, se penso como era ainda inconsciente nessa idade (...) Acreditava eu, então, que a vida consistisse em pensamentos e livros (...). Mas que pessoa naquele tempo teve algo de mim?
> A quem ajudei? Quem tornei contente e feliz? O que, na realidade, eu sabia das coisas sobre as quais escrevia? E tu? Felizmente tu não escreves livros, mas fazes, sabes, descobres, enches com a vida verdadeira aquilo com o qual apenas sonhei. Conhecer, querer, fazer, sentir, não estão divididos, mas formam um grande todo, e uma coisa é reforçada e completada por outra. Tu não sabes disto, e esta é a melhor coisa; talvez eu não deveria sequer dizê-lo, mas tu és – então o esquece e permaneces sempre aquilo que és, permanece-o para mim, porque isto é aquilo de que tenho necessidade, isto que encontrei em ti, isto que amo – o todo, o indiviso, do qual tenho nostalgia e desejo.[3]

Lendo alguns trechos da correspondência deles, não se pode deixar de admirar a maturidade de Maria, que, por mais de um ano, em relação ao noivo demonstra somente amor, proximidade, alegria, paciência e força, com uma extraordinária atitude para a sua idade.

Maria está vivendo uma situação que apresenta aspectos inesperados para ela, às vezes não é muito claro e nem sem-

---

[3] Ibid., p. 166-167.

pre compreensível. O próprio Bonhoeffer está consciente disso desde o início, quando escreve aos pais: "Eu conheço a situação em que me encontro, mas para ela tudo é difícil de imaginar, enigmático, horrível". A jovem aceita essa duríssima prova, ao contrário, pensa que os momentos de provação sejam também um dom, sabe até mesmo ter necessidade deles, mas não consegue entender o porquê: "Exatamente tu, deves ficar na prisão? Isso me parece inexplicável e injusto".

Além disso, Dietrich também falará de incompreensibilidade do destino, perguntando-se sobre o porquê de toda a obscuridade que já envolve os homens e a amarga tortura da separação de Maria.

Embora não consiga entender, encontrará uma resposta na mensagem de Natal. "Deus está na manjedoura, a riqueza na pobreza, a luz na noite, a ajuda no abandono".[4]

Maria também encontrará uma resposta exatamente no amor do noivo: "Veja, Dietrich, devem existir horas em que está com raiva ou triste ou desesperado. Mas elas não se devem tornar maiores do que nós e do que o nosso estar juntos".

A jovem enfrenta com grande coragem uma situação dificílima para qualquer um, na qual consegue também fazer projetos para o futuro deles com confiança e determinação.

---

[4] Ibid., p. 101.

E busca abrandar os tantos dias amargos da prisão de Bonhoeffer com anedotas e recordações afetuosas.

Em uma ocasião, lhe recorda como seja quase inconcebível para ela que possa verdadeiramente ser aquele senhor que conhecera um ano antes, com o qual tinha conversado, mais ou menos amavelmente, sobre os nomes de batismo de *Lili Marleen* (a conhecida e popular canção – que se tornou um hino para todos os soldados, independentemente da cor da farda –, difundida pela *Wehrmacht* todas as noites, no fim das transmissões, pelos microfones da rádio militar de Belgrado), sobre as margaridas, e sublinha como, depois de muito tempo, core ainda pela vergonha causada pelas bobeiras por ela pronunciadas.

Para infundir coragem ao noivo – mas provavelmente também a si mesma –, fala-lhe muitas vezes, como se tratasse de um acontecimento já iminente, do casamento entre eles. Refere-se a casa, aos móveis, ao enxoval que, além disso, preparará dentro de algum tempo.

Manda-lhe também um folheto no qual desenha a maior parte dos móveis da sua casa, que já lhe pertencem: entre eles também uma cômoda, da qual, pois, o carpinteiro fará uma estante. Une também um cartão com o anjo, do qual possui uma reprodução maior posta sobre a cama, e lhe específica que dispõe, além disso, de um gracioso maço de flores de Breugel e um altar de Grünewald. Além disso, com uma pitada de garbosidade, acrescenta estar muito empenhada em orientar um carpinteiro para que faça a cama do quarto de casal. E até mesmo lhe conta que o ex-chanceler e amigo paterno Franz von Papen, agora embaixador na Turquia, lhe tenha prometido procurar-lhe louças para a nova habitação deles. Um dia a tia Ana, uma irmã mais nova do pai, presenteia Maria com um tecido maravilhoso para o vestido de noiva. Ela escreverá dizendo-lhe que espera usá-lo muito em breve.

Como em um grande afresco, das cartas de Maria emergem lugares descritos com intensa vivacidade: a amada Pätzig, as casas dos pais de Dietrich em Berlim, o austero colégio de Altenburg, em que por certo período trabalha como instrutora no vilarejo de Bundorf, onde reside junto à família da prima Hedwig. Com esta, nos primeiros dias de maio, efetua uma breve viagem ao castelo de Lichtenstein, perto de Ebern, na Baixa Francônia, edificado sobre um alto penhasco no meio de um bosque, onde vive a irmã mais velha do seu pai, a tia Clara Wedemeyer Rotenhan.

A contemplação da natureza é para ela fonte de admiração e de sustento:

> Esta tarde, enquanto estava sentada no peitoril da minha janela, olhei as nuvens. Mudavam, se misturavam umas nas outras e depois se dissolviam novamente. Era como se todo o imprevisível e o irrestringível do acontecimento tomasse forma, fosse perceptível e compreensível.

Uma outra vez acena ao fato de como, pela manhã, tenha recolhido no bosque muitos lírios do vale para enfeitar a casa e a igreja. As reuniões, as pessoas com as quais tem que lidar, as situações que se encontra a viver evidenciam a sua grande capacidade de empatia, a sua vitalidade, a sua agudez, a sua ironia, o seu anticonformismo.

Tudo isto – lugares, pessoas, situações – irrompe com força na cela de Tegel, a anima, atenua o peso e a impaciência da prisão, ajuda o prisioneiro a não estar dominado pelo desconforto, a recuperar desejos muito terrenos e tangíveis – "Gostaria de caminhar contigo pelo bosque até a água, gostaria de nadar e depois me deitar em qualquer lugar à sombra, e sentir aquilo que dizes, sentir tantas coisas e não dizer nada".

Não obstante a óbvia diversidade cultural e a diferença de suas experiências, a relação é igual. Em algumas ocasiões, na verdade, a jovem não hesita em exprimir com franqueza a sua dissidência diante das afirmações do noivo de que não compartilha.

Mesmo que leve em conta os conselhos de leitura, e mesmo comportamentais, de Dietrich, revela gostos absolutamente autônomos; prova disso é o interesse por Rilke, não totalmente partilhado por Bonhoeffer, ou aquele pelo violino, instrumento musical que para o teólogo não alcança certamente o nível do alaúde...

E não tem dificuldade em exprimir a sua opinião sobre assuntos de discussão gerados por experiências concretas e vividas, como, por exemplo: sobre a amizade entre pais e filhos, sobre ciúme (ocasião de uma longa e franca correspondência com a amada avó), sobre a oportunidade da educação no colégio, sobre as palavras das orações na Igreja luterana relativas à guerra, consideradas, contudo, sempre inadequadas diante da tragédia dos eventos: sempre atenta a não se fechar em juízos prévios, dogmatismos, superficialidade.

Intervém também sobre argumentos de teologia, confessando candidamente não ser capaz de fazer nenhuma das coisas pedidas à mulher de um pastor e, em acréscimo, escreve: "A teologia para mim é uma ciência totalmente incompreensível, enquanto tenta explicar com a razão aquilo que é pura questão de fé".

É-lhe clara a necessidade de interpretar a Palavra, mas é uma palavra que deve ser encarnada, mostrada, contudo, na vida cotidiana, e não certamente secionada em conferências e debates. Exatamente por essa ligação, agrada-lhe escutar o Evangelho no *baixo alemão*, a língua falada por todos em Pätzig.

Na carta de resposta, o teólogo retomará este pensamento: "... Podemos aceitar as coisas da vida assim misturadas como de fato são, e encontrá-las continua e mutuamente no cotidiano. Virão ainda as horas em que chegaremos espontaneamente às questões fundamentais. Mas não somente no fundamental, também no cotidiano Deus está".[5]

No diálogo deles a distância – que se desenvolve enquanto a Europa está em chamas e a vida de um dos interlocutores é assaz precária, se não presa a um fio –, contrariamente àquilo que se poderia pensar, Maria se mostra mais audaz e inovadora. A atitude de Bonhoeffer em relação à noiva às vezes parece pedagógica; Maria, ao contrário, é mais aberta e interessada a novas prospectivas de vida.

A visão de Dietrich do matrimônio é afetada indubitavelmente pelos tempos: a identidade feminina está concentrada na vocação de ser uma ajuda concreta para o homem. Naquele momento, ao menos segundo a nossa lógica hodierna, ela pode parecer paternalista, como quando, por exemplo, critica os gostos e as preferências literárias da noiva. Em uma ocasião particular, Dietrich dirá a Bethge que os dois cônjuges devem estar de acordo em tudo, para representar uma espécie de "fortaleza inexpugnável" diante da sociedade e do mundo, e isso pode parecer verdadeiramente exagerado.

Maria, ao invés, tem uma sensibilidade mais moderna e é um espírito livre. O sim de Maria se por um lado torna feliz o teólogo, por outro, dá-lhe também serenidade e uma grande paz interior e maior confiança para o futuro. Para a jovem, embora na inesperada e certamente agradável des-

---

[5] Ibid., p. 153-154.

coberta do amor, em vez disso se abrem estradas imprevistas e repletas de dificuldade. Depois da prisão de Dietrich, as duas famílias têm oportunidade de se conhecer melhor e se frequentar, e não são poucas as cartas nas quais os pais de ambos exprimem, em várias ocasiões, os seus sentimentos relativos aos dois noivos.

Em 25 de maio de 1943, os pais de Bonhoeffer, em uma carta ao filho, recordam: "Domingo tivemos o prazer de ter como hóspede a tua noiva e sua mãe. É uma jovem simpática e inteligente e nos agradou muito também desta vez. Esta visita foi para nós uma verdadeira alegria e te agradecemos de trazer para casa uma nora tão querida..."[6].

Na ocasião, a mãe de Dietrich presenteia Maria com oito pequenas fotografias do pastor.

Um ano e meio depois, em tempos e situações assaz mais precários e trágicos, será a mãe de Maria, Ruth, a agradecer ao casal Bonhoeffer por "ter sempre tratado a filha com afeto".

Em um primeiro momento, somente Maria pode escrever ao noivo e, em 9 de junho, assim se faz viva:

> Caríssimo Dietrich! (...) Agora não passará muito tempo, antes de nos vermos novamente, estou absolutamente convicta disso. Desejas ouvir projetos de matrimônio? Eu tenho mais que suficiente. Quando estivermos juntos, a primeira coisa que deveremos fazer é

---

[6] Ibid., p. 19.

noivar publicamente. Não conseguirei evitar a festa de noivado. Mas depois casaremos logo. Gostaria que fosse no verão.[7]

E um mês depois, em 6 de julho, retoma o mesmo argumento:

> Agora estou de novo muito mais otimista em relação às núpcias rápidas. Também mamãe ficou noiva somente por um mês, e isto é uma grande vantagem para nós. Nós estamos noivos já faz cinco meses e vinte e dois dias.[8]

Ao menos nos primeiros tempos de sua incomum relação, Maria encontra conforto na relação com Bonhoeffer, fonte primária de segurança nas contradições e nas perdas pessoais e nas tempestades da história.

Na última página do seu Diário – depois jamais o reabrirá –, em 11 de julho de 1943, anota com agudez:

> Como é dificilmente compreensível a palavra *paz*. Tudo em torno de mim é paz. O campo de grão ondulante, os pássaros que cantam, as flores sorridentes, o canto da jovem do vilarejo, o martelar da fábrica e o relinchar dos cavalos. E em mim é tumulto, luta, nostalgia e medo, desespero, e existe a certeza de estar protegida, contigo, Dietrich, e até mesmo além. E há pouco chegou a notícia do desembarque das tropas inglesas na Sicília.[9]

---

7 Ibid., p. 25.

8 Ibid., p. 33.

9 Ibid., p. 264.

Sucessivamente, depois de 30 de julho, o prisioneiro recebe autorização para poder escrever também a ela. Trocarão quase uma centena de volumosas cartas, diretamente ou através de parentes, nas quais ambos exprimirão com notável franqueza os seus pensamentos e as suas expectativas.

Maria, em algumas cartas, fala ao noivo dos irmãos menores que, por Dietrich, despertam sentimentos fraternos e, talvez, ao menos para os menores, também paternos. Comovedor é o episódio no qual a irmãzinha Ina (Christine) é convidada a escrever ao pastor: a menina fica tão contente que, depois disso, se permite, falando com a irmã mais velha, definir Bonhoeffer não como "o teu Dietrich", mas como "o nosso Dietrich".

As cartas de Maria demonstram a grande sensibilidade e são, às vezes, assaz poéticas, como quando recorda a relação especial que a ligava ao pai, com o qual, desde que tinha oito anos, todos os dias andava a cavalo nos bosques por algumas horas.

E se compreende melhor como o conforto que lhe foi dado pelo teólogo nos dias tristes da morte do pai possa ter feito incursões em seu coração.

Maria é extrovertida, terna, vivaz, afetuosa e muitas vezes informa Dietrich sobre sua vida: trabalho, diversões, leituras, dificuldades, mas – especialmente – faz projetos e espera com ânsia o momento no qual se possam reencontrar. Por volta de seis da manhã, quando desperta, o primeiro e mais imediato movimento é o de tomar a fotografia de Bonhoeffer da gaveta da cômoda, depois a coloca na cama, lê alguma das cartas recebidas e recita versículos da Bíblia, sabendo que também Dietrich o faz quase no mesmo momento.

Depois do almoço, exercita-se por mais de uma hora ao violino, anda a cavalo, mas o momento mais bonito para ela é por volta da tarde, quando se dirige ao bosque, se senta em um cepo e, em pensamento, imagina escrever-lhe uma carta, como dirá depois: "... cartas que não se podem escrever, mas que estão todas no coração e gostariam de chegar a ti".

Esta é, ao invés, a primeira carta que Dietrich lhe envia de Tegel, em 30 de julho de 1943:

> Minha caríssima, boa Maria!
> Não é maravilhoso que agora possa escrever também diretamente para ti?
> Como desejei este momento!
> Posso escrever a cada quatro dias e, assim, alternarei as cartas entre ti e meus pais.
> A jornada de hoje foi tão plena de impressões, belas e sérias, que não consegui ainda totalmente a calma... Hoje foi assim indescritivelmente belo junto contigo, ainda mais bonito que a última vez, e como será depois, quando estivermos finalmente juntos sem outras pessoas?[10]

Está consciente de quanto não seja fácil, dentro do parlatório da prisão, comportar-se e falar de modo relaxado e espontâneo à noiva, mas quer assegurá-la do fato de que ela se tornou o *farol* da sua vida:

---

[10] Ibid., p. 42.

Eu, sem ti, não existo mais, nos últimos meses isso se tornou para mim ainda mais claro do que já era (...). Que tudo possa transcorrer como esperamos e rezamos, e possa também eu dar algo que te faça feliz, em troca daquilo que recebo da tua família! A alegria esperada do primeiro dia em Pätzig supera sempre todas as minhas preocupações (...).

A carta partirá amanhã cedo. Não há muito dentro, mas o coração cheio de amor, aquele está sempre aqui e sempre contigo, mesmo sem muitos pensamentos (...).[11]

Maria responde em 9 de agosto, com uma belíssima imagem:

... Finalmente existe silêncio em casa. Abri as janelas e deixei entrar a profunda noite azul. Todos os meus pensamentos agora estão em caminho para ti, sem mais impedimentos (...) Agradeço-te tanto por querer-me escrever (...). Eu amo cada tua palavra, cada sinal, porque não pode ser mais que um pedaço de ti (...) Peço-te também para não pensar que tenha sido terrível, para mim, vir ao Tribunal de Guerra. Indo a ti e contigo qualquer estrada é bonita, aonde ela leve. E distanciando-me de ti toda estrada é triste e chuvosa. Mas é também bonito que seja assim. Serei paciente e forte, e também muito feliz, não posso fazer de outro modo depois da tua carta.

(...) Oh, fazer-me expedir também eu sob forma de carta (...).[12]

---

11 Ibid., p. 42-43.

12 Ibid., p. 46-47.

Ao leitor parece verdadeiramente ver "a profunda noite azul" do céu da Pomerânia e perceber o clima de verão que consente a Maria vigiar pensando no noivo fechado na prisão distante; ao mesmo tempo, fica-se impressionado por aquela estrada que se torna "triste e chuvosa", distante do amado.

Dietrich lhe escreve em 12 de agosto de 1943, com uma atitude que é, tanto do pastor quanto do noivo. O encontro deles é lido dentro de um desígnio divino e a relação deles comporta uma resposta total, um *sim* que possa testemunhar na terra a presença de Deus.

> (...) Não podes absolutamente compreender o que signifique na minha atual situação ter-te (...) Cada dia me surpreende quanto seja imerecida a felicidade que tive, e cada dia me comove profundamente pensar as duras provações que Deus te impôs no ano passado (...). O nosso matrimônio dever ser um sim à terra de Deus, deve reforçar em nós a coragem de agir e de criar algo sobre a terra. Temo que os cristãos que ousam estar na terra com um pé só, estejam com um pé só também no céu (...).[13]

Em uma das primeiras cartas, o pastor exprime a Maria a sua viva preocupação, visto que o seu escrito chegará ao destino com um envelope enviado da prisão, e isso poderia talvez lhe dar problemas em Pätzig. Sobretudo, considera que algum habitante bisbilhoteiro do vilarejo pudesse

[13] Ibid., p. 48.

murmurar, sabendo-a em regular contato epistolar com uma pessoa trancada na prisão.

Mas Maria, com a costumeira leveza, lhe faz saber, em um encontro posterior no Tegel que não está nem um pouco perturbada com o acontecimento, porque, aquilo que possam pensar os outros não lhe interessa nada: para uma jovem de dezenove anos é verdadeiramente sinal de coragem e liberdade interior.

Quando, em 5 de setembro, chega a esperadíssima carta de Dietrich, a jovem está verdadeiramente feliz:

> Chegou hoje (...) Como posso dizer-te o que significa para mim? Todo o meu coração está de cabeça para baixo e em tumulto (...) agradeço-te que eu, somente com o meu existir, possa significar já algo par ti.
>
> (...) O nosso matrimônio deve ser um sim à terra de Deus. Exprimistes bem, Dietrich, e eu te agradeço! (...).[14]

Na continuação da carta, confia-lhe de ter estado na semana precedente em Berlim, para encontrar os seus pais, os quais a encheram de afetuosas atenções, comovendo-a.

No diálogo a distância com o noivo, Maria descreve, em várias ocasiões, a situação dramática que se está delineando no país, depois de mais de quatro anos de guerra.

Um dia recorda que acaba de estar com parentes no serviço litúrgico em sufrágio do primo Max George, morto na

[14] Ibid., p. 48.

União Soviética; uma segunda vez se lamenta que há muito tempo não tenha notícias dos três outros primos combatentes na frente sul, na Itália.

Fica impressionada quando encontra no trem um soldado muito jovem, acompanhado por um tempo pelos pais, o qual se está dirigindo para a frente oriental e está quase resignado em relação à provável trágica sorte que o espera.

Um outro dia, anuncia a Dietrich a morte do marido de uma sua instrutora, sublinhando como agora não exista uma só família da Pomerânia e da Nova Marca que não tenha tido um seu componente morto na guerra, e isso parece verdadeiramente injusto: "Tudo isto é muito, muito triste!". Cotidianamente chegam anúncios e listas de militares mortos.

Está muito preocupada, pois do jardim da sua casa, se ouvem distintamente os disparos chegarem de Berlim. Teme que na capital, agora bombardeada, alguma bomba possa explodir na prisão de Tegel. E fica perplexa quando toma conhecimento de que o instituto de Altenburg será fechado pelas autoridades nazistas.

Por vários meses, ambos conseguem suprir, com o recíproco afeto, as dificuldades de uma relação anômala em comparação a um casal de noivos comum. A jovem chega até mesmo a declarar poder ser feliz também assim, sem fazer-se atormentar pela evidente "incompletude da nossa relação", acrescentando que, geralmente, com "o estar noivos" imagina-se algo muito diferente. E conclui: "... para mim as contas se fecham igualmente. Porque a história do meu noivado é extraordinária, encontrei um homem extraordinariamente bom".

O próprio Dietrich, em uma carta enviada a Eberhard Bethge, se lamenta do fato de que, no curso de muitos meses, jamais puderam viver uma normal relação sentimental e que sempre tiveram que dispensar todo aspecto sensual. Mas isso faz parte do seu verdadeiramente especial e não fácil acontecimento. A vívida recordação dos encontros passados ilumina a escuridão do tempo presente.

Da sua bela e espaçosa casa de Pätzig, situada em campo aberto, no incipiente outono, quando as folhas se colorem intensamente e fora começa a fazer frio, Maria lhe escreve muitas vezes com nostalgia, pensando-o obrigado a viver em poucos metros quadrados e no acinzentado, senão na frieza, da prisão.

Falará mais tarde também da sensação que a impregna quando, indo para o jardim da sua morada, medita sobre o destino do muito amado Hans (o seu corpo está sepultado no cemitério militar de Kiesljakoff) e imagina seu túmulo coberto de neve, na amortecida atmosfera invernal.

Sente-o sempre presente e próximo, na doce recordação daquela secreta festa do coração que celebrava com ele cada ano na cidade natal de Schörande.

Confia-lhe também de estar segura de que o pai está sempre com ela, não em qualquer recordação que desaparece, mas de modo ainda sensível e duradouro, pedindo-lhe ao mesmo tempo para não pensar que ela tenha uma veia muito romântica.

Algum tempo antes, lhe tinha revelado que sua mãe queria francamente saber quais intenções tinha para o futuro próximo, percebendo-se com desânimo de não poder ser capaz de tomar sozinha uma decisão relativa a si mesma. Impasse totalmente normal e compreensível na situação que está enfrentando.

Em 18 de novembro de 1943, o Tribunal de Guerra do Reich comunica a Bonhoeffer que a discussão da sua causa será em 17 de dezembro. Ele está quase convicto de poder ser libertado até o Natal. Três dias depois, escreve a Maria uma carta, na qual transparece – mesmo que não esteja explicitada de modo nítido – a esperança de poder logo se tornar um homem livre.

> (...) A tua ideia de irmos juntos a qualquer parte na neve é maravilhosa (...) É verdade que quase nada é mais bonito que uma silenciosa tarde de inverno na montanha, e logo que seja possível faremos seguramente uma viagem assim! (...) Os projetos vamos fazer, pois, muito rapidamente – e também com o necessário vigor! –, assim que eu estiver liberto, teremos o quadro completo da situação.
>
> (...) Caríssima Maria, fica bem! Obrigado por tudo, tudo![15]

---

[15] Ibid., p. 89-90.

A longa correspondência deles está sempre sustentada pela fé e se articula ao longo de um percurso conexo com várias festividades religiosas: o Advento, o Natal, a Páscoa, Pentecostes, o Dia de Finados...

Em uma ocasião, Dietrich tem palavras verdadeiramente tocantes:

> Hoje é o domingo dos mortos e tu estarás na igreja e diante das cruzes. Stifter[16] disse muito bem: "A dor é o anjo mais santo, que mostra aos homens tesouros que, caso contrário, teriam ficado eternamente escondidos no fundo, graças a isso os homens se tornaram maiores do que através de todas as alegrias do mundo". (...) Quando receberes a carta, terá chegado o Advento, um tempo que eu amo particularmente. Saibas, uma cela de prisão, onde se vigia, se espera... e na qual se depende completamente do fato de que a porta da libertação seja aberta *para fora*, não é absolutamente um mal símbolo do Advento".[17]

Na proximidade das festas natalinas de 1943, a jovem escreve ao amado, evidenciando como, da janela da sua casa, vê no grande jardim uma espessa camada de neve branca, com as árvores nuas e rígidas e os abetos escuros "quentes e maternos", cujos ramos cintilam até as pontas mais finas. Tudo em uma beleza imóvel e silenciosa, mas não em letar-

---

[16] O escritor austríaco Adalbert Stifter a Gustav Pechwill, em 13 de fevereiro de 1959.

[17] Bonhoeffer, D.; Von Wedemeyer, M. *Lettere alla fidanzata*, p. 89.

gia, somente em uma espécie de suspensão e maravilhoso espanto.

> E o inverno é a estação mais próxima da tristeza e da morte. (...) Ajudaste-me muito. Não sei onde tenhas encontrado força para ajudar-me; eu não poderia jamais. (...) Sabes disto! Meu Dietrich! Não sei verdadeiramente como poderei festejar o Natal sozinha. Não consigo! (...) Há pouco recebi a autorização do colóquio, e agora espero a alegria de ver-te e de falar contigo. Deverá ser belo, não pode ser de outro modo![18]

Sucessivamente, ainda lhe escreve desejando que o Messias possa abrir para ambos os céus, na noite profunda da vigília de Natal, e que possam estar, contudo, cheios de alegria...

Bonhoeffer, com grande lamento, tomará conhecimento de que o Tribunal adiou, por tempo indeterminado, a audiência para a discussão da sua causa e, assim, antes de ter recebido notícias da noiva, escreve à amada, em 13 de dezembro, recomendando-lhe que seja corajosa nos dias das festividades, mesmo que, como sinal do seu amor, não pudesse ter esta carta:

> (...) o que quer que os homens nos façam, eles não podem servir totalmente o Deus que se manifesta escondido como amor (...). Caríssima Maria, festejemos assim o Natal. Fica junto com os outros, alegre como se pode estar somente no Natal. Não imagi-

[18] Ibid., p. 98.

nes quadros terríveis de mim na minha cela, mas pense somente que Cristo passa também pelas prisões e não me ignorará.[19]

Poucos dias mais tarde, em 22 de dezembro, Maria dirige-se para o colóquio na prisão e leva consigo, de modo totalmente inesperado e fadigoso, uma árvore arrancada da casa de Pätzig. A planta é muito apreciada e rende bom humor aos carcereiros, que a decoram e a põem dentro, nas salas onde passam os dias, convidando Dietrich para ir vê-la.

Já a partir da segunda metade de 1943, mas particularmente no início de 1944, a casa de campo dos Wedemeyer, em Pätzig, uma de suas dependência deve hospedar dezenas de pessoas de algumas famílias berlinenses que, depois do maciço bombardeamento dos Aliados na capital, tiveram destruídas as suas habitações.

Por outro lado, as autoridades nazistas impedem os habitantes das regiões alemãs orientais de transferir a sua residência para o Ocidente. Como se quisessem exorcizar o futuro e obscurecer a realidade, sem tomar consciência de como, dentro de pouco tempo – e depois será exatamente assim –, poderia chegar o apocalipse. Até um certo momento, pelo menos por todo o primeiro ano de prisão, com um otimismo talvez excessivo e com alguma inegável ingenuidade, Dietrich considera verdadeiramente poder resolver a situação de prisioneiro nas prisões do Terceiro Reich e

[19] Ibid., p. 100-101.

espera com firmeza se tornar livre. Com Maria, sobretudo por iniciativa e vontade da jovem, como é possível ler nas missivas de ambos, fazem até mesmo muitas vezes projetos de matrimônio. Mesmo que essa ilusão, a um certo ponto, infelizmente, se apague, com evidente e profunda amargura e agudo desprazer de ambos.

Em 16 de abril de 1944, o pastor confidencia à noiva – que se encontra em Bundorf, na Baixa Saxônia, como instrutora na casa da prima Hedwig von Truchsess – toda a sua angústia pela situação: "Devo ter paciência ainda por um bom tempo; antes de Pentecostes não se pode esperar uma mudança. Temo que passarão os primeiros meses de verão, antes que chegue o cobiçado dia".[20] Sublinha outras vezes como tenha querido escrever para avisá-la, antes de sabê-lo pelos outros, das agora incertas prospectivas futuras. Dá-se conta de como a situação pode se tornar insuportável para a jovem: em quase dois anos, de amizade afetuosa antes e de noivado depois, não somente jamais se puderam encontrar lado a lado em um mínimo de intimidade, mas, em um trágico e irrestringível crescendo, todos os seus sonhos estão pouco a pouco desaparecendo.

Maria, além de extrovertida, é inteligente, sensível, doce, passional, dotada de notável fascínio. Por quase um ano esperou as suas cartas sempre com felicidade extrema; assim lhe escreveu até mesmo de Bundorf:

---

[20] Ibid., p. 167.

> Meu caríssimo Dietrich! Sonhei-te tão intensa e fortemente que não posso mais dormir e devo escrever-te imediatamente para poder me acalmar. (...) Eu sei sempre que não somente tu estás comigo, mas que te tenho no meu coração e que não posso jamais te deixar. Gostaria de enviar-te um pedacinho do belo sol quente de primavera que me está brilhando de frente...[21]

Somente depois de 20 de julho de 1944, quando se compreende como a vida de Bonhoeffer está agora presa por um fio, Maria – talvez inevitavelmente – tem um forte e doloroso momento de abalo. Voltando dos encontros na prisão de Tegel, sempre está muitas vezes nervosa, tensa e cansadíssima e, em algumas ocasiões, tem súbitos desmaios. Com probabilidade, baseado em vários elementos e indícios, pensa-se que tenha atravessado, mesmo precedentemente – talvez algumas semanas antes –, um período de crise, explicitado de modo nítido em uma carta enviada a Dietrich, carta, porém, não mais vista depois da guerra.

Pelo conteúdo da resposta do teólogo, datada de 27 de junho de 1944, compreende-se melhor que apreciou muito a sua franqueza e, em todo caso, está convicto de que ela não possa e não deva jamais deixá-lo.

Alguns dos parentes da família Wedemeyer consideram que o noivado não dure mais e que também a atmosfera protegida de Bundorf – onde agora vive a jovem – não possa evitar a sua forte desilusão e a sua grande amargura pelo

[21] Ibid., p. 157-159.

fato de ver desaparecer, sem poder fazer nada de concreto, a possibilidade real de se juntar ao teólogo.

Maria, apesar de tudo, embora no meio de uma intensa tempestade existencial, resiste, não parece quebrar o elo e se recupera, ficando sempre fiel a Dietrich. De fato, em certo momento, como por ele desejado e pedido, se transfere para Berlim na habitação dos futuros sogros, para ajudar a mãe.

A vida nessa casa de orgulhosos opositores do nazismo não é sempre fácil para ela, última a chegar, embora, por mais de cinco semanas tenha ainda a possibilidade de encontrar e ver o noivo em condições relativamente *humanas* da prisão berlinense de Tegel.

É, para ela, também ocasião para conhecer melhor todos aqueles que lhe estão próximos, antes da última provação e do seu sacrifício. Entra, assim, em confidência com Emma, mulher do irmão Klauss, e tem uma cordial relação também com Úrsula Schleicher, a irmã mais velha de Dietrich: também para eles chegarão cedo tempos dramáticos.

Na vigília de Natal, em 24 de dezembro de 1944, da rígida cela da sede da Gestapo, este é o breve escrito de Dietrich: "Minha caríssima Maria, entramos consolados e confiantes no novo ano, com a firme fé no amor de Deus, que nos chama a Jesus Cristo, no amor que nos liga e sustenta pelo amor de todos os parentes e amigos".

A jovem passa em família – com a mãe, os irmãos mais novos e as irmãs mais novas – o Natal de 1944, na casa de campo de Pätzig. Talvez, como desde sempre em casa a família alemã, comendo a clássica torta de mel diante da lareira, terão cantado:

O Tannenbaum, O Tannenbaum,
Wie treu sind deine Blätter!

(Oh, árvore de Natal, como são verdes as tuas folhas!).

Mas, para além de um breve momento de serenidade, se pode imaginar o sentido de total impotência e desespero que paira neles, assim como nas casas de todas as famílias da região oriental da Alemanha.

Porque os territórios da Pomerânia, de Brandeburgo, da Silésia e da Prússia Oriental, também pelas loucuras e as gravíssimas responsabilidades morais do regime nazista, são destinados a se tornar, em breve, terra estrangeira. Como acontece para tantas áreas da Europa, dias terríveis esperam as populações dessas regiões.

Após os decisivos ataques russos, nas primeiras semanas do novo ano, no curto espaço de tempo, mais de dois milhões de alemães – um rio de desesperados – se lançam pelas estradas lamacentas, tentando fugir dos impetuosos homens da Armada Vermelha.

Mulheres, crianças, idosos, unidades de soldados desfeitos com, as fardas esfarrapadas e rasgadas, avançam em colunas tortas sem fim. Dos lados das estradas, se amontoam a granel, em um assustador caos, corpos de cavalos, automóveis e carros fora de uso, malas e caixões eviscerados.

Esses momentos de pesadelo não são nada em comparação ao destino de alguns milhares de refugiados que, depois de centenas de quilômetros percorridos entre o gelo e o vento, chegam em 30 de janeiro de 1945 em Gdynia, junto de Danzica, e obtêm a permissão de subir a bordo do navio Wilhelm Gustloff, para poder alcançar as costas da Alemanha ocidental.

O Wilhelm Gustloff, com uma grande carga de cerca de vinte mil toneladas e com mais de duzentos metros de comprimento, com mais de seis mil pessoas a bordo, é atingido por dois torpedos soviéticos, em pouco mais de vinte minutos afunda nas águas escuras e gélidas do Báltico. A tragédia passa sob o silêncio na Alemanha, porque o boletim do Alto Comando da *Wehrmacht* não faz nenhuma referência a isso. Mas, aquele navio que se afunda nas ondas, pode ser tomado como símbolo do Terceiro Reich que está para desaparecer para sempre.

Nesse caso, não é difícil de imaginar em Maria também a angústia pela sorte de Dietrich. Porque se alguns dias atrás lhe tenha recordado, em uma poesia, sentir-se assistido por invisíveis e impalpáveis *potências benignas*, agora está verdadeiramente sozinho nas mãos misericordiosas de Deus, a quem há muito se confiou. Bonhoeffer, em 17 de fevereiro de 1945, é transferido da prisão de Prinz-Albrecht-Strasse de Berlim ao campo de Buchenwald, e a mãe de Maria, Ruth von Wedemeyer, desde 31 de janeiro (chegada da Armada Russa), havia deixado para sempre a amada casa de campo de Pätzig, destinada a se tornar terra polonesa.

Maria partiu desde o dia 26, levando consigo, na mísera e reduzidíssima bagagem de fuga, as preciosas cartas de Dietrich. As cartas por ela recebidas de Dietrich, na cela de Tegel, tinham chegado todas da casa paterna, depois nas mãos de Maria, antes de ser transferido para o porão da sede pela Gestapo. Depois de algum tempo, não tendo mais notícias da carta de 19 de dezembro, a jovem vai em busca do noivo. Corajosamente vai para a sede da Gestapo, onde lhe dizem que foi deportado para um campo da Baviera, sem especificar se era de Dachau, próximo de Mônaco, ou de Flossenbürg, não distante de Weiden.

Embora exausta pela tensão e pela ânsia que a oprime, agora em um total clima de tragédia iminente, Maria passa alguns dias no trem e percorre uns quinze quilômetros a pé sem nenhum resultado.

Na realidade, Dietrich está em Buchenwald, de onde partirá em 3 de abril para Flossenbürg, e, sem que os protagonistas possam sabê-lo, o destino fez de modo com que os dois noivos confiantes tenham somente se cruzado. Não mais se verão.

Em uma carta enviada de Flossenbürg em 19 de fevereiro à mãe, que, entretanto, se refugiou não longe de Berlim, Maria exprime toda a sua ânsia e o seu sofrimento:

> Querida mãe. Infelizmente toda a minha viagem a Bundorf e a Flossenbürg foi inútil. Dietrich não está aqui. Quem sabe onde foi parar. Em Berlim não me dizem e em Flossenbürg não sabem. Um caso justamente desesperado... Estou um pouco a ponto de chorar...[22]

Somente em junho de 1945, a jovem saberá da morte de Dietrich, enquanto se encontra no território da Alemanha Ocidental. Os pais do noivo a recebem na casa em Berlim no fim de julho. Posteriormente, em 1948, vai viver nos Estados Unidos, casa-se duas vezes, tem três filhos e se torna uma *manager* de uma multinacional de Boston.

Em 1967, publica o ensaio "The Other Letters from Prision", na *Union Seminary Quarterly Rewiew*, reproduzido na primeira versão italiana do volume *Resistência e submissão*, organizado por Alberto Gallas para a Editora San Paolo, em 1978. Com sua habitual e simpática franqueza, em uma dúzia de páginas, recorda a relação tida com o teólogo Bonhoeffer, revelando como, na última carta a ela endereçada, Dietrich tinha concluído assim: "Eu estou grato, cada dia, por ter-te e isso me torna feliz".

Em uma entrevista coletiva que aconteceu em 1974, em Easton, uma cidade da Pensilvânia, diante de um grande grupo de jornalistas e uma equipe de TV, confessa que o *pastor Bonhoeffer* (assim o tinha definido no seu Diário,

---

[22] Ibid., p. 209-210.

quando se tinham encontrado no distante 1942) foi o grande amor da sua vida.

Em fevereiro de 1976, em Genebra, no centro cultural *Le Cénacle*, na presença de teólogos provenientes de todo o mundo, é organizado um simpósio internacional dedicado a Bonhoeffer, por ocasião dos setenta anos do seu nascimento. Maria comparece e todos os participantes a consideram um sinal real do espírito ainda presente de Dietrich.

Em 1977, pouco antes da sua morte, autoriza a publicação das cartas do noivo que conservou carinhosamente. Deixa as cartas originais e as fotocópias das missivas de Bonhoeffer na biblioteca da Universidade de Harvard.

4
A fé como responsabilidade encarnada na história

A reflexão teológica e a vida de Bonhoeffer foram plenamente consoantes com a sua fé. No seu pensamento, embora tenha seguido o filão barthiano e a noção da absoluta alteridade de Deus, Dietrich se empenha totalmente em um tema deixado em posição secundária por Karl Barth: *o do empenho concreto do homem na história*. Mas não uma história qualquer, mas sim aquela na qual cada um vive concretamente. Com o advento do nazismo ao poder, a Igreja alemã busca sobreviver, adaptando-se a conviver com ele. Mas a vida, a fé, a ética e a personalidade heroica de Dietrich Bonhoeffer testemunham a absoluta incompatibilidade entre o Evangelho e o regime hitleriano. Bonhoeffer esteve, de fato, entre os principais promotores da chamada Igreja Confessional, que representou na Alemanha a histórica resistência dos cristãos ao nazismo. Envolvido no fracassado atentado a Hitler, ele foi enforcado no campo de concentração de Flossenbürg, pagando o alto preço da coerência com a sua fé. Uma fé que teve que discernir com sofrimento os percursos abertos pela história.

Como cristão, Bonhoeffer chega à convicção de que era necessário eliminar fisicamente o Fürher para pôr fim à tragédia da guerra e aos horrores da perseguição dos hebreus, dos rom e dos sinti.[1] À pergunta que os companheiros de prisão lhe dirigem, sobre como é possível violar o mandamento que proíbe qualquer ação feita com a intenção de provocar a morte de uma pessoa, Bonhoeffer responde: "Se um louco guia o automóvel na calçada da Kurgürstenstrasse (uma das principais estradas de Berlim), como pastor, não posso somente enterrar os mortos e consolar os parentes: se me encontro naquele lugar, devo dar um salto e arrancar o condutor do volante".[2]

---

[1] Estima-se que, aproximadamente, quinhentos mil ciganos (o holocausto esquecido) tenham sido executados durante o período do Porrajmos. Tal perseguição teve início em 1935, com a promulgação das Leis de Nuremberg, que vedavam o casamento de ciganos com arianos, bem como de decretos que ordenavam o envio de ciganos a campos de concentração, para serem esterilizados. Se a pessoa tivesse um bisavô que fosse cigano, já teria o seu sangue "contaminado" e, por conta disso, seria considerado como se fosse um deles. É importante também levar em consideração que os Einsatzgruppen (grupos de extermínio nazistas) assassinaram milhares de ciganos sem levá-los para campos de concentração. Em 1937, Heinrich Himmler escreveu um decreto de nome "A Luta contra a Praga Cigana", onde expusera que os ciganos mestiços com gadjés seriam ainda mais propensos à criminalidade e deveriam ser exterminados. (N.T.)

[2] BETHGE, E. *Dietrich Bonhoeffer*, p. 918.

Aqui se exprime com força uma das principais convicções de Bonhoeffer:[3] isto é, a necessidade de uma fé concreta e histórica, viva e responsável, que diante de uma situação difícil obriga o fiel a uma escolha: "Aquilo porque hoje lutamos é a graça a alto preço. A graça é a alto preço sobretudo porque custou caro a Deus, porque lhe custou a vida do seu Filho, e não pode ser a preço baixo para nós aquilo que custou caro a Deus",[4] como já vimos anteriormente.

A fé exige tomar posição diante da história. Somente assim podemos afrontar e tornar fecunda a situação que se apresenta a cada vez. A adesão a Deus na fé, segundo Bonhoeffer, se torna credível somente quando nós carregamos *o peso dos irmãos* na história: "Carregai um o peso dos outros: assim cumprireis a lei de Cristo" (Gl 6,2). O fiel deve estar disposto a assumir sobre si, nos limites das suas possibilidades pessoais, ao menos uma parte da dor de Deus por um mundo violento e brutal; e a tal estado de coisas deve buscar responder com amor compassivo e corajoso, capaz de resistir ao mal.

> Deus é um Deus do carregar. O Filho de Deus carregou a nossa carne, portanto a cruz, portanto todos os nossos pecados, procurando com isto lhe trazer a reconciliação. Por isso também

---

3 PALINI, A. *Testimoni della coscienza*. Ave, Roma, 2003.

4 Bonhoeffer, D. *Sequela*, p. 27-29.

quem está no seu seguimento é chamado *ao carregar*. Neste carregar consiste o ser cristãos.[5]

O cristão olha os outros não por aquilo que fazem, mas por aquilo que sofrem. Ver verdadeiramente uma pessoa significa senti-la, acolhê-la, carregá-la.

> O irmão é um peso para o cristão. Para o pagão o outro não constitui absolutamente um peso, dado que não o preocupa minimamente; mas o cristão deve carregar o peso do irmão. Deve suportar o irmão, e somente enquanto é percebido como um peso, o outro é verdadeiramente um irmão e não um objeto a ser dominado. O peso do homem foi tão pesado também para o próprio Deus, que teve que sucumbir na cruz. Deus verdadeiramente suportou os homens até o extremo sofrimento no corpo de Jesus Cristo. E de tal modo lhes carregou como uma mãe carrega a criança, como um pastor carrega o cordeiro que se tinha perdido.[6]

Em abril de 1933, Bonhoeffer se opõe ao famoso *Parágrafo Ariano*, que prevê purificar a Igreja de todo elemento hebraico, e toma posição com uma conferência intitulada "A Igreja diante do problema dos hebreus". Não terá medo de afirmar: "Somente quem levanta a voz em defesa

---

5 Ibid., p. 82.

6 BONHOEFFER, D. *Vita comune*, p. 77.

dos hebreus, pode se permitir cantar em gregoriano".[7] Mas Bonhoeffer desconsertou-se pelo silêncio do mundo diante do extermínio. Para ele, é claramente inaceitável aquilo que está acontecendo ao povo hebraico. A esse respeito escreve: "Uma caçada aos hebreus do Ocidente comportará inevitavelmente na expulsão de Cristo, porque Jesus Cristo era hebreu".[8]

"O peso do irmão" impulsionará Bonhoeffer a voltar dos Estados Unidos para partilhar as provações do seu povo:

> Cometi um erro ao vir para os Estados Unidos. Devo atravessar este período de dificuldade da nossa história nacional com os cristãos da Alemanha. Não terei direito de tomar parte na reconstrução da vida cristã na Alemanha, depois da guerra, se não participar das provações deste tempo com o meu povo.[9]

Tendo regressado para a sua gente, dá-se conta de que não pode mais estar na janela. Em nome da ética da responsabilidade, que chama a um empenho direto na história, Bonhoeffer escreve: "A Igreja ficou muda quando, ao invés, deveria gritar, porque o sangue dos inocentes gritava ao céu".[10] O pastor e teólogo luterano pagará alto preço por seu grito em favor dos irmãos.

---

[7] BETHGE, E. *Dietrich Bonhoeffer, amicizia e resistenza*. Claudiana, Torino, 1995, p. 65.

[8] D. BONHOEFFER, *Etica*. Queriniana, Brescia, 1995, p. 83.

[9] Id., *Scritti scelti (1933-1945)*, p. 67.

[10] Id., *Etica*, p. 113-114.

Em uma carta enviada em 21 de agosto de 1944, da prisão de Tegel a Eberhard Bethge, Dietrich Bonhoeffer afirma que muitas vezes aquilo pelo qual vale a pena viver é, continuamente, perdido de vista, sublinhando com amargura a crescente confusão e a perda de toda orientação teológica, ética e humana. Dessa compreensão analisa a sociedade com a sua costumeira agudeza, perguntando-se qual espaço pode ainda ter Deus no coração do homem do século XX. Por um lado, reconhece o advento de um homem que se tornou autônomo, que pensa poder fazer pouco caso de Deus. Por outro, dá-se conta de que, no mundo que se tornou adulto, existe agora espaço somente para uma caricatura de Deus, depois da qual o Cristianismo está destinado a uma total irrelevância. Segundo Dietrich, a autonomia de Deus se traduz muitas vezes no primado de potências expressivas: o partido, o Estado, a economia, a burocracia... Eles não instauram propriamente uma idolatria, mas têm o efeito de desertificar as consciências, instalando na cultura cotidiana o niilismo.

A reflexão crente de Bonhoeffer, sobretudo aquela amadurecida na prisão, o leva a elaborar uma nova imagem de Deus, como é requerida pelos dramáticos eventos históricos do tempo: o *Deus tapa-buracos*, o *Deus ex machina*,[11] o Deus onipotente que resolve todos os problemas são imagens in-

[11] Deus *ex machina* é uma expressão latina com origens gregas ἀπὸ μηχανῆς θεός, que significa literalmente "Deus surgido da máquina", e é utilizada para indicar uma solução inesperada, improvável e mirabolante para terminar uma obra. (N.T.)

fantis de Deus. O cristão é tal porque no mundo toma parte no sofrimento de Deus. O Deus de Bonhoeffer é o Deus de Jesus Cristo, o Deus encarnado na história dos homens, o Deus da "graça a alto preço", que caminha nas estradas dos homens e que se põe ao lado dos mais desfavorecidos e ultrajados.

A via é inequívoca: a origem da ação não é o pensamento, mas a disponibilidade à responsabilidade histórica. Um cristão capaz de gastar-se pelos outros, que luta contra todo integralismo, arrisca pessoalmente as inevitáveis consequências. Os cristãos combatem toda forma de fanatismo com o testemunho, com a palavra e a existência profética das comunidades eclesiais. É preciso continuamente se deixar interrogar e guiar pela Palavra de Deus, sem manter a continuidade dos nossos hábitos e dos nossos pensamentos e sem pretender, portanto, ser donos da fé e da ação que dela se seguem.

> Não é o nosso coração que decide o caminho, mas a Palavra de Deus. Além disso, dever-se-ia perguntar como se pense em poder ajudar de modo justo um irmão em dificuldade sem recorrer à própria Palavra de Deus. Todas as nossas palavras rapidamente falham.[12]

A fé do jovem pastor luterano se alimenta e cresce sobretudo nas fontes da Palavra de Deus:

---

[12] BONHOEFFER, D. *Vita comune*, p. 43.

> Três são as coisas para as quais o cristão tem necessidade de precisos espaços de tempo para reservar a si mesmo na solidão durante as jornadas: a meditação pessoal da Escritura, a oração, a intercessão. O momento da meditação pessoal não é um momento de naufrágio no vazio e no abismo da solidão, mas é um momento em que estamos sozinhos com a Palavra. De tal modo ela nos oferece uma sólida base sobre a qual apoiar, e claras indicações sobre os passos a realizar (...) Maria "refletia em seu coração" as palavras dos pastores; também a nós, muitas vezes, acontece de refletir por longo tempo sobre a palavra de uma pessoa, que permanece dentro de nós, que é elaborada, nos deixando ocupados, suscitando em nós inquietude ou felicidade, sem que possamos fazer nada; do mesmo modo na meditação pessoal a Palavra de Deus quer entrar em nós e permanecer, quer mover-nos, trabalhar, agir em nós, fazer de modo com que não nos livremos mais dela por todo o dia, e ela levará a termo, pois, a sua obra em nós, muitas vezes sem que nos demos conta disto.[13]

Setenta anos depois do seu desaparecimento, o mundo e a sociedade mudaram muito, porém os questionamentos que Bonhoeffer se punha restam, ainda hoje, plenos de sentido.

As páginas dos seus escritos são dispostas por uma fé empregada para dar concretude à Palavra dentro da história e para servir a verdade na comunidade de Cristo. O seu exemplo pode verdadeiramente abrir caminho para um futuro diferente.

Obviamente, Bonhoeffer não fornece soluções, mas somente instrumentos. Repete, quase para não assustar os

[13] Ibid., p. 63-65.

muitos pensamentos corretos, que o seu intento é *fazer-se homem*, não santo.

Deus pede simplesmente discernimento, envolvimento, responsabilidade e decisão.

As contas com a liberdade, além disso, se confrontam sempre com a obediência a Deus e a compaixão pelo próximo, e "a fé é algo de total, um ato que empenha toda a vida".[14]

Quem é Deus para o crente Bonhoeffer? Não certamente o Deus da religião, mas o Deus que é para os outros. A fé de Bonhoeffer não é uma fé genérica em Deus e na sua onipotência, mas uma fé vital em Jesus Cristo, uma participação real no modo de ser de Jesus pelos outros:[15] amigos e inimigos.

> "Rezai por aqueles que vos ultrajam e perseguem." Eis o cume. Na oração nos colocamos da parte do inimigo, ao seu lado, estamos com ele, junto dele, por ele diante de Deus. Jesus não nos promete que não seremos jamais ultrajados e perseguidos pelo inimigo que amamos, que abençoamos, ao qual fazemos o bem (...) Fazemos vicariamente por ele aquilo que ele não é capaz de fazer. Todo ultraje infligido por parte do inimigo pode tornar mais estreito o nosso vínculo com Deus. Toda perseguição pode servir somente para aproximar o inimigo da reconciliação com Deus, para tornar mais invencível o amor.[16]

---

[14] Id., *Sequela*, p. 307.

[15] Id., *Resistenza e resa*, p. 462.

[16] Id., *Sequela*, p. 139.

5

Poesias de Dietrich Bonhoeffer[1]

Quem sou?

Quem sou? Muitas vezes me dizem
que saio da minha cela
relaxado, feliz e decidido
como um senhor do seu castelo.

Quem sou? Muitas vezes me dizem
que falo aos guardas
com liberdade, afabilidade e clareza
como se coubesse a mim comandar.

Quem sou? Também me dizem
que suporto os dias de dor
imperturbável, sorridente e orgulhoso
como quem é acostumado a vitória.

---

[1] BONHOEFFER, D. *Resistenza e resa*, p. 452-453; 454; 435-436; 476-477; 515-516.

Eu sou verdadeiramente aquilo que os outros dizem de mim?
Ou sou somente como eu me conheço?
Inquieto, nostálgico, doente como um passarinho na gaiola,
ambiciono por ar como se estrangulassem a garganta,
faminto de cores, de flores, de sons de pássaros,
sedento de palavras boas, de companhia,
sacudindo de cólera diante do arbítrio e
da ofensa mais mesquinha,
agitado pela espera de grandes coisas,
preocupado e impotente pelos amigos
infinitamente distantes,
cansado e vazio no rezar, no pensar, no criar,
esgotado e pronto para me despedir de todas as coisas?

Quem sou? Sou isto ou aquilo?
Sou um hoje, amanhã um outro?
Sou hoje talvez isto e amanhã um outro?
Sou todos os dois juntos?
Diante dos homens um simulador
e diante de mim um desprezível, ranzinza, covarde?
Ou aquilo que está ainda em mim se assemelha ao exército
derrotado que se retrai em desordem diante da vitória
já conquistada?

Quem sou? Este colocar-se perguntas sozinho é zombaria.
Quem quer que eu seja, tu me conheces, sou teu, ó Deus!

Cristãos e pagãos

Homens vão a Deus na sua tribulação,
choram por ajuda, pedindo felicidade e pão,
salvação da doença, da culpa, da morte.
Assim fazem todos, todos, cristãos e pagãos.

Homens vão a Deus na sua tribulação,
o encontram pobre, ultrajado, sem teto nem pão,
o veem consumido pela pecado, fraqueza e morte.
Os cristãos estão próximos de Deus no seu sofrimento.

Deus vai a todos os homens em sua tribulação,
sacia o corpo e a alma com o seu pão
morre na cruz por cristãos e pagãos
e a estes e àqueles perdoa.

Felicidade e infelicidade

Felicidade e infelicidade
que rápidas nos colhem e nos dominam
elas são, no início,
como o calor e o frio ao primeiro contato
tão próximas a quase não se distinguir.

Como meteoros
arremessados de distâncias ultramundanas
percorrem luminosos e ameaçadores o seu curso
sobre a nossa cabeça.

Quem foi atingido, fica atordoado,
diante dos cascalhos
da sua cotidiana, cinzenta existência.

Grandes e sublimes,
destruidoras, vitoriosas,
felicidade e infelicidade,
invocadas ou não,
fazem o seu solene ingresso
entre os homens aborrecidos,
ornam e revestem
aqueles que atingem
de gravidade e sacralidade.
A felicidade é rica de medo
a infelicidade de doçura.
Indivisas parecem vir
uma e outra do eterno.
Ambas grandes e terríveis.

De longe, de perto,
correm pessoas ao redor, olham
de boca aberta,
parte com inveja, parte com horror,
o portento
no qual o ultraterreno,
levando junto bênção e aniquilação,
oferece-se com desconcertante, indissociável
espetáculo terreno.
O que é a felicidade, o que é a infelicidade?

Somente o tempo lhes separa.
Quando o evento imprevisto
que acontece incompreensivelmente
se muda em duração desgastante e atormentadora,
quando as horas do dia decorrem lentamente
nos revelam a verdadeira imagem da infelicidade,
então, quanto mais se distanciam,
desapontados e entediados,
cansados pela monotonia
da infelicidade já de longa data.

Esta é a hora da fidelidade
a hora da mãe e da amada
a hora do amigo e do irmão.
A fidelidade ilumina toda infelicidade
e a recobre delicadamente
de doce
ultraterreno esplendor.

Estações no caminho da liberdade

Disciplina

Em busca da verdade, se tu partes, aprende sobretudo / a disciplina dos sentidos e da alma, a fim de que os desejos / e os teus membros não levem ora aqui, ora lá. / Castos sejam o teu espírito e o teu corpo, a ti plenamente submetidos / e obedientes, a buscar a meta que lhe é indicada. / Ninguém aprende o segredo da liberdade, se não através da disciplina.

Ação

Fazer e ousar não uma coisa qualquer, mas o justo, / não balançar nas possibilidades, mas agarrar corajosamente o real, / não na fuga dos pensamentos, somente na ação está a liberdade.

Deixa o pávido hesitar e entra na tempestade dos eventos sustentado somente pelo mandamento de Deus e da tua fé / e a liberdade acolherá jubilando o teu espírito.

Sofrimento

Extraordinária transformação. As tuas fortes, ativas mãos / estão ligadas. Impotente, somente, vê o fim / da tua ação. Mas tu tomas respiro, e aquilo que é justo põe / silencioso e consolado em mãos mais fortes, e estás contente. / Somente um instante atinge feliz a felicidade / e depois a entrega a Deus, que lhe dê esplêndido cumprimento.

Morte

Vem, agora, festa suprema no caminho para a liberdade, / morte rompe as pesadas correntes e os muros / do nosso efêmero corpo e da nossa alma cega, / para que finalmente vejamos aquilo que aqui está impedido de ver. / Liberdade, há muito te buscamos, na disciplina, na ação e no sofrimento. / Morrendo, te reconhecemos, agora, no rosto de Deus.

(Linhas de acompanhamento a *Estações no caminho para a liberdade*).

Caro Eberhard,

Escrevi nesta noite estas linhas em um par de horas. Estão, verdadeiramente, no estado bruto, mas talvez te dará algum prazer recebê-las, e são uma espécie de presente pessoal de aniversário. De coração

o teu Dietrich

Dei-me conta, esta manhã, que devo rever completamente a estrutura dos versos. Contudo, podem ser enviados assim, nesta forma bruta. Eu não sou verdadeiramente um poeta!

Dos poderes benignos

Circundado fiel e tacitamente
por pessoas benignas
maravilhosamente protegido e consolado,
quero este dia viver contigo,
e contigo entrar no novo ano.

Do velho, o nosso coração ainda quer lamentar-se,
ainda nos oprime o grave peso de dias feios,
oh, Senhor, doa as nossas almas amedrontadas
à salvação a qual nos preparou.

E tu nos dás o duro cálice, o amargo cálice
do sofrimento, cheio até a borda,
e assim o tomamos, sem tremer,
da tua boa, amada mão.

E, todavia, ainda nos queres dar alegria,
por este modo e pelo esplendor do seu sol,
e nós queremos então recordar aquilo que passou
e assim pertence a ti a nossa inteira vida.

Faz queimar hoje as quentes e silenciosas velas,
que trouxeste na nossa obscuridade;
reconduze-nos, se for possível, ainda juntos.
Nós o sabemos, a tua luz resplandece na noite.

Quando o silêncio profundo desce ao nosso redor,
faz-nos ouvir aquele som pleno
do mundo, que invisível se estende ao nosso redor,
o alto canto de louvor de todos os teus filhos.

Por potências benignas, maravilhosamente socorridas,
esperamos consolados todo futuro evento.
Deus está conosco à noite e pela manhã
e sem falhar, em cada novo dia.

Cronologia

1906	*4 de fevereiro*: Dietrich Bonhoeffer, nasce em Breslávia.
1912	A família se transfere para Berlim.
1914-18	Primeira Guerra Mundial: em abril de 1918, morre no *front* o irmão Walter.
1923	Inicia os estudos teológicos em Tübingen.
1924	Permanece por três meses em Roma.
	Visita brevemente o norte da África.
	Continua os estudos teológicos em Berlim.
1927	Defende a sua tese de doutorado sobre a *Sanctorum Communio*.
1928	Inicia a sua atividade em Barcelona.
1929-1930	É assistente do professor W. Lutgert, em Berlim.
1930	Consegue a habilitação em Berlim, com o ensaio *Ato e ser*.
	Inicia sua estadia de estudos junto à Union Theological Seminary em Nova York.

1931	Retorna para Berlim. Acompanha em Bonn um curso de Karl Barth.
	Ensina como livre-docente na Faculdade Teológica da Universidade de Berlim. Recebe a ordenação.
1932	Participa de alguns encontros ecumênicos.
1933	Subida de Hitler ao poder.
	abril: Profere a conferência "A Igreja diante da questão hebraica".
	setembro: Em Bethel, participa da composição da *Confissão de Bethel*, que dá vida à Igreja Confessional.
	outubro: Assume o encargo de pastor em Londres.
1934	Participa da conferência ecumênica de Fano, onde faz um discurso sobre a paz.
1935	Volta para a Alemanha.
	Assume a direção do Seminário da Igreja Confessional em Finkenwalde, perto de Stettino.
1936	Viagem de estudo do Seminário da Dinamarca e Suécia.
	É revogada sua licença para o ensino.
1937	A Gestapo fecha o seminário de Finkenwalde.
	O trabalho continua nos *Vicariatos coletivos* clandestinos.
	No mês de novembro sai o livro *Sequela*, enquanto 27 alunos de Finkenwalde são presos.
1938	Escreve o livro *Vita comune*.

1939	Viagem aos Estados Unidos, onde deve assumir uma docência em Nova York.
	Depois de apenas três semanas retorna para a Alemanha.
	1º de setembro: eclode a Segunda Guerra Mundial.
1940	Início da atividade conspiradora como correio do grupo de resistência dentro dos serviços secretos do exército. É proibido de falar em público e obrigado a comunicar os próprios deslocamentos.
	Recebe o encargo de dedicar-se aos estudos científicos sobre o tema ético.
1941	É proibido de imprimir e publicar.
	Participa de uma operação de Canaris para salvar um pequeno número de hebreus.
1942	Vai à Suíça para preparar a fuga dos hebreus, e à Suécia para encontrar o bispo anglicano George Bell.
1943	Primeiros preparativos para o atentado contra Hitler.
	13 de janeiro: noiva com Maria von Wedemeyer.
	5 de abril: Dietrich Bonhoeffer é preso.
	Na prisão militar de Tegal/Berlim escreve as cartas e anotações que formarão *Resistência e submissão*.
1944	*20 de julho*: fracassa o atentado a Hitler.

	8 de outubro: depois de ser descoberto os *Atos de Zossen* (documentos da Resistência), que revelam a entidade do complô, Bonhoeffer é transferido para a prisão subterrânea da Gestapo.
1945	*7 de fevereiro*: Bonhoeffer é transferido para o campo de Buchenwald.
	6 de abril: transferência para Shönberg.
	8 de abril: no campo de Flossenbürg, onde, à noite, se reúne a corte marcial.
	9 de abril: Dietrich Bonhoeffer é enforcado.

Bibliografia

Obras de Dietrich Bonhoeffer

(*Com os títulos em língua portuguesa, serão indicadas as publicações feitas em italiano.*)

Criação e queda. A hora da tentação. Queriniana, Brescia, 1977.

Escritos escolhidos (1918-1933). Organizado por A. Conci. Queriniana, Brescia, 2008.

Escritos escolhidos (1933-1945). Organizado por A. Conci. Queriniana, Brescia, 2009.

A essência da Igreja. 2. ed. Queriniana, Brescia, 1977.

Ética. Queriniana, Brescia, 2005.

A fragilidade do mal. Escritos inéditos. Piemme, Milão, 2015.

Fragmentos de Tegel. Queriniana, Brescia, 1981 (2. ed., 1988).

Cartas à noiva. Cela 92 (1943-1945). BONHOEFFER, D.; WEDEMEYER, M. von. organizado por Bismarck R. A. von e Kabitz U. 5 ed. Queriniana, Brescia, 2012.

A Palavra pregada. Curso de homilética em Finkenwalde (1935-1939). Claudiana, Turim 1994 (2. ed., 2005).

Permanecer no amor de Deus. Páginas de meditação para cada dia do ano. Gribaudi, Milão, 2002.

Poesias. Organizada por A. Melloni. Edizioni Qiqajon, Magnano, 1999.

Resistência e submissão. Cartas e outros escritos da prisão. 2. ed. San Paolo, Cinisello Balsamo, 2015.

Sanctorum Communio: uma pesquisa dogmática sobre a sociologia da Igreja. Queriniana, Brescia, 1994.

Sequela. 3. ed. Queriniana, Brescia, 2012.

Vida comum. 6. ed. Queriniana, Brescia, 2015.

Vida comum. O livro de oração da Bíblia. 5. ed. Queriniana, Brescia, 1991 (2005).

Estudos (em suas publicações originais)

ARNOLD, M. *Bonhoeffer e la preghiera*. Edizioni Qiqajon, Magnano, 2007.

BALDINI, M. (a cura di). *Il silenzio*, La Locusta, Vicenza, 1985.

BEST PAYNE S. *The Venlo Incident. A True Story of Double-Dealing, Captivity, and a Murderous Nazi Plot*. Hutchinson, London/New York, 2010.

BETHGE, E. *Dietrich Bonhoeffer, teologo cristiano contemporaneo. Una biografia*, Queriniana, Brescia, 1975 (3. ed., 2004).

BETHGE, E. *Dietrich Bonhoeffer, amicizia e resistenza*. Claudiana, Torino, 1995.

BIANCHI, G. *Cercare maestri*. Nuove Scritture, Milano, 2012.

CORBIC, A. *Albert Camuse e Dietrich Bonhoeffer: due visioni dell'uomo "seza Dio" a confronto.* Messagero, Padova, 2011.

CORVAJA, S. Il 25 luglio del nazismo di Hitler. "*Storis illustratta*". Mondadori, Milano, 1984.

FERRARIO, F. *Bonhoeffer*. Carocci, Roma, 2014.

FIORENZA, A. *Dietrich Bonhoeffer, il prete che amó Cristo, Maria von Wedemeyer e che aderi al complotto contro la vita di Hitler.* Lulu, Roma, 2011.

GALLAS, A. *Ánthropos tèleios. L'itinerario di Bonhoeffer nel conflito tra cristianesimo e modernità.* Queriniana, Brescia, 1995.

GUTTIÈREZ, G. I limiti della teologia moderna. Un testo di Dietrich Bonhoeffer. *Concilium* 15 (1979), 74-90.

_____. *La forza storica dei poveri.* Queriniana, Brescia, 1981.

HOURDIN, G. *Dietrich Bonhoeffer. Vittima e vincitore di Hitler.* Città Aperta, Torina (EM), 2004.

MANCINI, I. *Dietrich Bonhoeffer: un resistente che ha continuato a credere.* Edizioni Quiqajon, Magnano, 1995.

MANCINI, R. Dietrich Bonhoeffer. Il cristianesimo non religioso. *Rocca* 19 (2015), 11-15.

MANVELL, R.; FRANKEL, H. *Canaris.* Longanesi, Milano, 1971.

MARLÈ, R. *Dietrich Bonhoeffer: testimone di Gesù Cristo tra i suoi Fratelli.* Morcelliana, Brescia, 1968.

ROGNON, F., *Bonhoeffer un cristiano autentico.* Edizioni Qiqajon, Magnano 2013.

SCHMINCK-GUSTAVUS, C. U. *Il processo a Dietrich Bonhoeffer e l'assoluzione dei suoi assassini*. Castelvecchi, Roma, 2015.

SPEER, A. *Memorie del Tezo Reich*. 2. ed. Mondadori, Milano, 1971 (1996).

ZIMMERMANN, W.-D. *Ho conosciuto Dietrich Bonhoeffer*. Queriniana, Brescia, 1970.

Dietrich Bonhoeffer

MÁRTIR DO NAZISMO

Os pais de Dietrich Bonhoeffer, 1898.

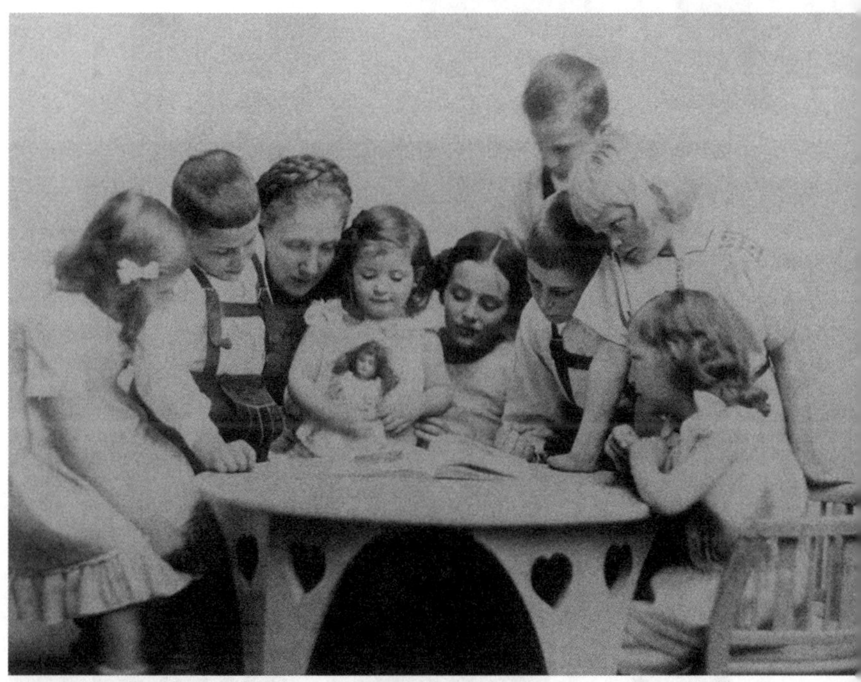

A mãe Paula com os seus filhos (em ordem de idade): Karl, Walter, Klaus, Úrsula, Christine, os gêmeos Dietrich e Sabine, Susanne.

Família Bonhoeffer, 1911.

Leitura noturna em família, 1913.

Gêmeos Dietrich e Sabine.

Dietrich estudante no ginásio em 1920-1921 (segundo da direita, na segunda fila).

Natal com a família e os amigos, 1927.

Dietrich, vigário em Barcelona, 1928 (sentado no centro).

SANCTORUM COMMUNIO

EINE DOGMATISCHE UNTERSUCHUNG ZUR SOZIOLOGIE DER KIRCHE

VON

Lic. DIETRICH BONHOEFFER

DIE DRUCKLEGUNG ERFOLGTE
MIT UNTERSTÜTZUNG DER NOTGEMEINSCHAFT
DER DEUTSCHEN WISSENSCHAFT

TROWITZSCH & SOHN · BERLIN UND FRANKFURT/ODER
1930

Tese de doutorado em Teologia, publicada em 1930.

Com estudantes e professores na Union Theological Seminary de Nova York em 1930 (primeiro da direita, na terceira fila).

No jardim da Union Theological Seminary.

Com Jean Lasserre na Dinamarca.

Akt und Sein

Transzendentalphilosophie und Ontologie in der systematischen Theologie

von

Dietrich Bonhoeffer

Druck und Verlag von C. Bertelsmann in Gütersloh / 1931

O ensaio de Ato e ser, que lhe obteve a habilitação em Berlim, em 1931.

Conferencista em 1932.

Bonhoeffer, professor de Teologia, com os seus estudantes em Berlim, 1932.

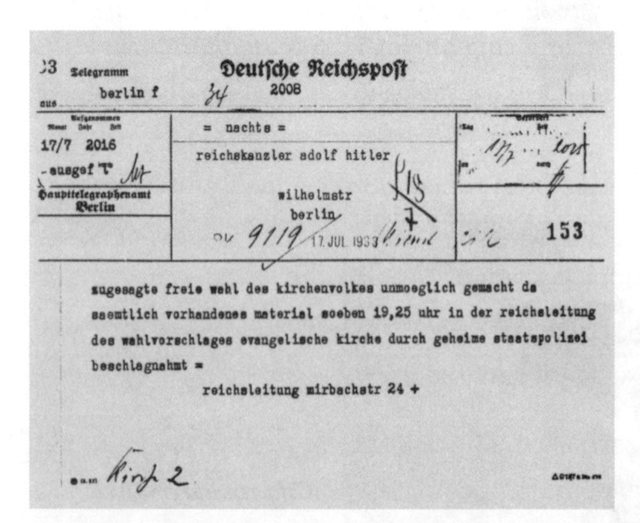

Telegramm — Deutsche Reichspost

aus berlin f 34 2008

17/7 2016

ausgef

Haupttelegraphenamt Berlin

= nachts =

reichskanzler adolf hitler

wilhelmstr

berlin

9119 17. JUL 1933

153

zugesagte freie wahl des kirchenvolkes unmoeglich gemacht da
saemtlich vorhandenes material soeben 19,25 uhr in der reichsleitung
des wahlvorschlages evangelische kirche durch geheime staatspolizei
beschlagnahmt =

reichsleitung mirbachstr 24 +

Telegrama de protesto ao chanceler Hitler, de 17 de julho de 1933.

Primeiro curso do seminário da Igreja Confessional em Finkenwalde.

Finkenwalde, 1935.

Bonhoeffer em Estocolmo, 1936.

Bonhoeffer com o seu grande amigo Eberhard Bethge.

Em 1938, escreve o livro Vita comune.

No navio que o está levando aos Estados Unidos, 1939.

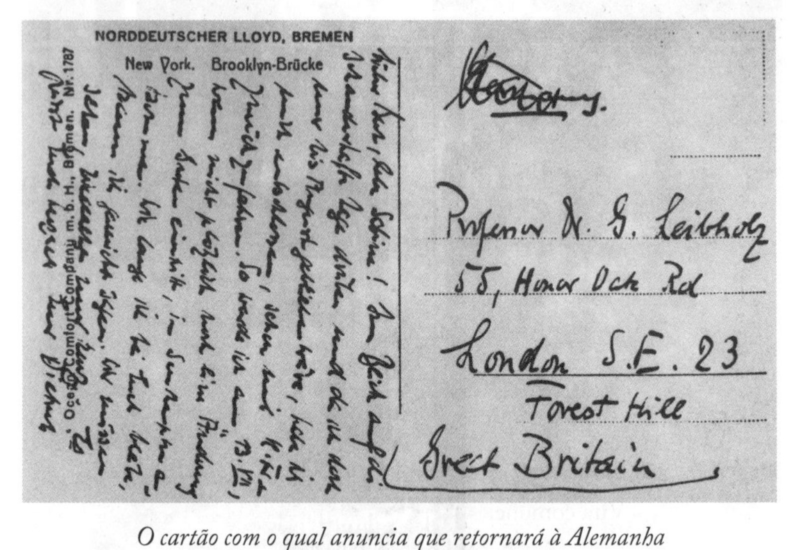
NORDDEUTSCHER LLOYD, BREMEN

New York. Brooklyn-Brücke

Professor Dr. G. Leibholz
55, Honor Oak Rd
London S.E. 23
Forest Hill
Great Britain

O cartão com o qual anuncia que retornará à Alemanha
para partilhar a sorte do seu povo.

Com Sabine em Londres, 1939.

Janeiro de 1943, fica noivo de Maria von Wedemeyer.

Maria von Wedemeyer lê uma carta de Dietrich escrita da prisão.

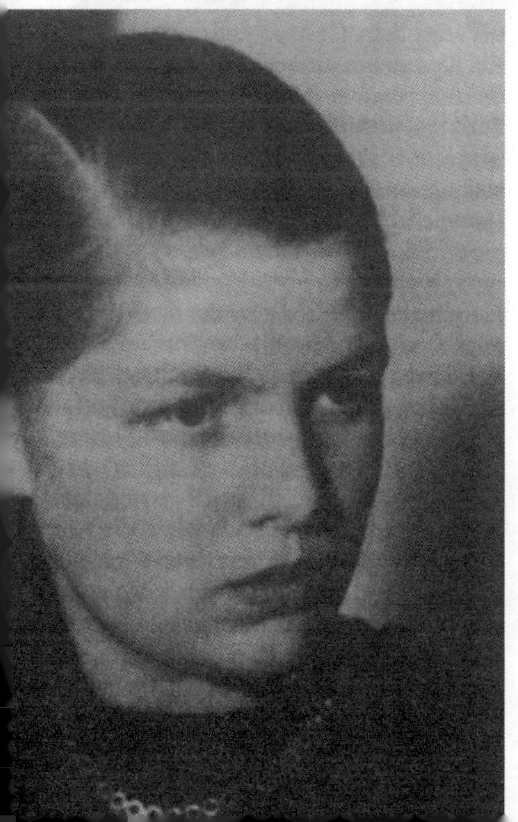

Maria von Wedemeyer.

No pátio da Wehrmacht (Tegel/Berlim), junto com alguns oficiais da Aeronáutica Militar Italiana, em 1944.

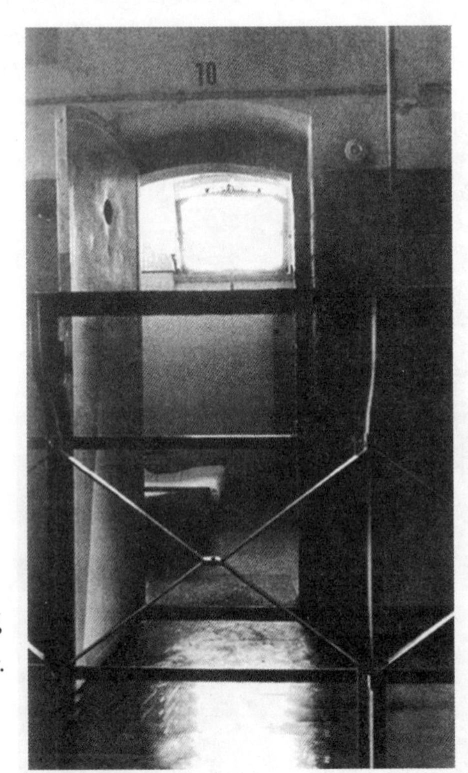

Cela da prisão de Tegel, onde estava detido Bonhoeffer.

Wer bin ich?

Wer bin ich? Sie sagen mir oft,
ich träte aus meiner Zelle
gelassen und heiter und fest
wie ein Gutsherr aus seinem Schloss.
Wer bin ich? Sie sagen mir oft,
ich spräche mit meinen Bewachern
frei und freundlich und klar,
als hätte ich zu gebieten.
Wer bin ich? Sie sagen mir auch,
ich trüge die Tage des Unglücks
gleichmütig, lächelnd und stolz,
wie einer, der Siegen gewohnt ist.

Bin ich das wirklich, was andere von mir sagen?
Oder bin ich nur das, was ich selbst von mir weiss?
unruhig, sehnsüchtig, krank, wie ein Vogel im Käfig,
ringend nach Lebensatem, als würgte mir einer die Kehle,
hungernd nach Farben, nach Blumen, nach Vogelstimmen,
dürstend nach guten Worten, nach menschlicher Nähe,
zitternd vor Zorn über Willkür und kleinlichste Kränkung,
umgetrieben vom Warten auf grosse Dinge,
ohnmächtig bangend um Freunde in endloser Ferne,
müde und leer zum Beten, zum Denken, zum Schaffen,
matt und bereit, von allem Abschied zu nehmen.

Wer bin ich? Der oder jener?
Bin ich denn heute dieser und morgen ein andrer?
Bin ich beides zugleich? Vor Menschen ein Heuchler
und vor mir selbst ein verächtlich wehleidiger Schwächling?
Oder gleicht, was in mir noch ist, dem geschlagenen Heer,
das in Unordnung weicht vor schon gewonnenem Sieg?

Wer bin ich? Einsames Fragen treibt mit mir Spott.
Wer ich auch bin, Du kennst mich, Dein bin ich, o Gott!

A poesia "Quem sou eu?", escrita na prisão.

O campo de concentração de Flossenbürg,
onde Dietrich Bonhoeffer morre em 9 de abril de 1945.

Os mártires do século XX, fachada da Abadia de Westminster, Londres.
Entre eles Dietrich Bonhoeffer (quarto da direita).

Impresso na gráfica da
P[illegible] Sociedade Filhas de São Paulo
[illegible] Tavares, km 19,145
0[illegible] São Paulo - [illegible] - Brasil - 2019

Impresso na gráfica da
Pia Sociedade Filhas de São Paulo
Via Raposo Tavares, km 19,145
05577-300 - São Paulo, SP - Brasil - 2019